山西省软科学研究项目：财政资金支持企业创新的机制与措施研究（项目编号：2016041001-5）

政府财政行为与企业创新的相关机制研究

Zhengfu Caizheng Xingwei yu Qiye Chuangxin de Xiangguan Jizhi Yanjiu

高丽霞　著

西南财经大学出版社
Southwestern University of Finance & Economics Press
中国·成都

图书在版编目(CIP)数据

政府财政行为与企业创新的相关机制研究/高丽霞著.—成都:西南财经大学出版社,2018.10
ISBN 978-7-5504-3508-7

Ⅰ.①政⋯ Ⅱ.①高⋯ Ⅲ.①财政—影响—企业创新—研究 Ⅳ.①F273.1

中国版本图书馆 CIP 数据核字(2018)第 110256 号

政府财政行为与企业创新的相关机制研究
高丽霞 著

策划编辑:孙婧
责任编辑:胡莎
助理编辑:王青杰
封面设计:张姗姗
责任印制:朱曼丽

出版发行	西南财经大学出版社(四川省成都市光华村街55号)
网　　址	http://www.bookcj.com
电子邮件	bookcj@foxmail.com
邮政编码	610074
电　　话	028-87353785　87352368
照　　排	四川胜翔数码印务设计有限公司
印　　刷	郫县犀浦印刷厂
成品尺寸	185mm×260mm
印　　张	10
字　　数	231 千字
版　　次	2018 年 10 月第 1 版
印　　次	2018 年 10 月第 1 次印刷
书　　号	ISBN 978-7-5504-3508-7
定　　价	58.00 元

1. 版权所有,翻印必究。
2. 如有印刷、装订等差错,可向本社营销部调换。

前言

创新活动，是一种经济活动，更是现代市场经济活动中的重要部分。与现代经济学所表述的政府与市场经济活动的关系一样，政府之于创新活动，也是一种在市场之外的"超经济力量"。但是，政府掌控着公共权力以及大部分资源，使得政府这个"超经济力量"有条件对创新活动发挥巨大影响和起到巨大作用。

政府对创新活动的影响和作用，既有可能是一种适应创新活动要求的影响和作用，也有可能是一种与创新活动要求不相适应甚至是相互矛盾的影响和作用。在历史和现实中，这两种迥然不同的情形，均可以得到实例的佐证。但我们在这里所探讨的，显然是政府对创新活动能够适应并能够推动创新活动发展的关系。

政府对创新活动内在要求进行主动、迅速、全面和有效响应的能力，可以在两个方面发挥出来：它们的"内化"，可以推动政府自身的改革；而它们的"外化"，则可以促进创新活动的开展。

创新，不但与产业的突破和新兴产业的出现相关联，而且还与经济形态的变化相关联。如果没有由创新所触发的工业革命，就不可能有工业经济这种形态出现；如果没有由创新所触发的新产业革命，也就没有后工业的经济形态。

从根本意义上说，澎湃于当今世界的全球化浪潮，都是由科技创新和制度创新所触发、推动和加速的。在全球化过程所形成的世界经济格局中，国与国之间，地区与地区之间，联系和合作更为紧密，竞争也更为激烈。在这种密切合作与激烈竞争同在的形势之下，每个国家和地区，都应该以积极的态度参与合作，追求发展；每个国家和地区，也都应该致力于技术创新和制度创新，不断地提升自己在国际竞争中的核心竞争力，并以这种核心竞争力去抢占世界经济中的新制高点。

作者
2018 年 2 月

目 录

第一章 导论 / 1

第一节 问题的提出与研究意义 / 1

第二节 文献回顾及简要评述 / 2

第三节 研究思路与框架 / 7

第二章 政府行为与企业创新的理论基础 / 10

第一节 熊彼特创新理论 / 10

第二节 企业家精神与企业创新 / 17

第三节 企业创新的外部性效应 / 20

第三章 推动区域创新是政府职责所在 / 27

第一节 政府职能的基本概念 / 27

第二节 政府、市场与社会 / 36

第三节 政府与企业创新有关的特殊职能 / 48

第四章 企业创新的理论研究 / 51

第一节 推动企业创新的外部集群 / 51

第二节 企业自主创新的影响因素 / 62

第五章 政府采购与企业创新机制研究 / 80

第一节 政府采购促进企业发展的实践 / 80

第二节 促进创新的政府采购模式改进 / 85

第三节 政府采购的模式设计 / 96

第六章 政府资助与企业创新机制研究 / 102

  第一节 政府资助企业创新的现状分析 / 102

  第二节 政府资助企业创新的微观实证分析 / 105

  第三节 政府资助企业创新的模式设计 / 115

第七章 税收优惠与企业创新机制研究 / 121

  第一节 税收优惠对企业创新的影响机理研究 / 121

  第二节 企业创新税制激励的问题分析 / 126

  第三节 优化企业税制创新的具体建议 / 130

第八章 政府资金资助企业创新的管理研究 / 133

  第一节 用于企业创新资金的预算制度 / 133

  第二节 资助企业创新的绩效管理研究 / 140

  第三节 政府绩效评价 / 146

参考文献 / 154

第一章 导论

第一节 问题的提出与研究意义

一、问题的提出

今年是改革开放四十周年。四十年来,我国经济飞速发展,产业结构不断升级,社会经济经历了手工业、大工业到现代智能工业的三个阶段式跨越。社会发展中旧的矛盾得到解决,新的矛盾不断涌现。人口红利消失与人民收入增长困难之间的矛盾成为现代社会发展的新问题,而社会供给滞后和人民对高水平精神和物质需求的向往之间的矛盾则成为这个时期社会矛盾发展的主流。经济转轨已经成为必然的趋势。

在对外交往中,知识产权、技术贸易壁垒和反倾销已经成为我国企业参与国际竞争的重大障碍。国际社会中西方国家对技术出口的控制日趋苛刻。技术的进步正成为我国社会发展过程中一个重要障碍。我国要解决自身的社会矛盾,单纯依靠技术引进已经很难解决问题。"打铁还需自身硬",我国仍旧要加强技术创新。

从企业自身的角度来看,提高技术创新能力已经成为企业发展的必然选择。在人口红利消失、国家日益开放的背景下,我国企业面临的市场竞争压力越来越大。企业已经不能从资源禀赋优势中获利,必须要通过技术优势实现更多的利润。因此,企业必须要增强自身的技术创新能力,掌握更多的关键技术,在重要领域中形成长期的竞争优势,为自身获利和国家的长期发展奠定坚实的基础。

中共中央在多个场合指出,要把技术创新作为推进我国经济供给侧改革和提高国家竞争实力的中心环节。推动"万众创新",加快建设中国特色国家创新体系已经成为推动我国经济发展和科技进步的重大课题。

虽然在新形势下,创新已经成为我国社会和企业发展的必由之路,但是为什么我国社会创新的效率这么低,为什么有些企业明明已经创新,而且产品适应市场的发展需求,但是仍旧被淘汰,另一些企业没有创新却依然能够在社会中发展下去。这个问题的深层次原因就在于技术的外部性。企业研发技术需要付出巨大的成本,但是技术抄袭和仿制非常容易。基于这个因素，对于技术创新来说，政府必须要给予全面的支持，通过多种渠道支持企业进行技术创新，尽可能地消除技术外部性的影响。但是，就财政来说，政府通过何种手段才能真正实现对技术创新企业的扶持，则是我们必须要研究的一个问题。

二、研究意义

从党的十八大到党的十九大，创新一直以来都是我国社会发展的重大理念。创新驱动发展战略，已经成为我国社会发展的七大战略之一。在"十三五"时期，技术创新仍旧是我国社会发展的重要推动力。因此，提高企业技术创新能力已经成为我国社会发展的重要方略之一。各级政府要围绕这一方略，采取措施，积极支持企业提升创新能力。对于我国新时代社会主义建设来说，这无疑是"利好"消息。但是在如何认识企业创新能力上，还存在一些误区。因此，有必要明确各级政府在促进企业增强技术创新能力上如何走向科学化，这对落实中央精神、建设创新型国家具有重大意义。

从政府的职能角度说，政府无论在制约企业生产活动，还是在激励企业从事技术创新活动方面，都起着不可或缺的作用。本书站在政府职能以及技术外部性的角度，对我国政府支持企业技术创新的激励作用进行了研究。这对于我国有效提高企业技术创新能力、完成"十三五"规划具有重要的现实意义。

第二节 文献回顾及简要评述

一、创新

目前，国内外学术界对企业技术创新的研究，主要从以下方面展开：

（一）创新的定义

"创新"的概念首先由经济学家约瑟夫·阿罗斯·熊彼特提出。他在1912年首次使用"创新"这个词汇，将创新定义为"新的生产函数的组织和建立"，也就是企业家在现有生产要素的基础上，重新组织生产。在他看来，创新是企业家不断开发新产品、引入新的生产方式的过程，是一种创造性的破坏。

迄今为止，"创新"的概念已经有一百多年的历史，国内外众多学者仍没有给它一个确定的定义，只是将它的范围不断地扩大，让其外延变得更加宽泛。爱德温·曼斯菲尔德在1968年最早提出了技术创新的定义，他认为创新是指将一个新的产品或者过程所包含的技术、设计、生产、财务、管理等方面进行重新引入。这个定义并没有突出创新的本质，应该算作技术引进的定义。伯格曼（Burgelman）在

1998年对创新的定义进行革新,提出了创新的一个重要标准——商业转化。这个标准几乎为所有的学者所接受。他们认为技术创新应能够为社会所认可。国内学者如许庆瑞①和傅家骥②也肯定了这个标准。

国内外学者从不同的角度定义技术创新,并将其标准确定为商业转化。实际上,这个硬性的指标并不完全算作一种创新的真正解读。创新应该是能够为社会所认可的,但是并不能认为就以商业转化为目标,可能在一个小圈子内实现技术创新,并为周围人所认可即可。

(二)企业家和创新

关于企业家与创新,国内外学者主要从技术创新与非生产性活动两个方面进行了研究。

在熊彼特那里,他强调技术创新的过程中起到关键作用的是企业家。企业家能够将生产资料组织起来,按照生产技术的要求,综合各个环节将技术的研发转化为商业上的成果。罗默(Romer)等继承了熊彼特模型的这个思想,提出了一组以研发为基础的内生技术创新模型。这个模型取得了非常巨大的进步。这个模型强调的命题是,技术创新是内生的,源自于企业家利润最大化的努力。

国内也有学者做出了这方面的研究。孙诚、冯之浚非常强调企业家的自主创新精神,认为企业是自主创新的主体,企业家推动了技术创新的产业化。这其中企业家精神对于企业的发展壮大有非常重大的影响。③ 赵炎构建了企业家精神的模型,以此为基础对风险企业家精神的特殊性质进行了分析,提出创新是基于抓住机会、甘冒风险和自我超越的内生结果。④

关于企业家的非生产性活动研究,国外的研究最早可以追溯到熊彼特之前的凡勃仑。在凡勃仑(Veblen,1904)看来,企业家是一些以创造性方法增加财富和提高社会地位的人。社会不能期望他们关心某些目标在多大程度上对社会的发展有利。在多数情况下,企业家实际上担任了破坏性的角色,从事了生产"系统性阴谋"的活动(如为了维持高价,推出一种新的方式逼迫卡特尔联盟内成员做出产量限制)。当企业家发现从事诸如寻租的非生产性活动更加有利可图的时候,就会从事这样的活动。

鲍莫尔(Baumol,1990)提出了一个扩展的熊彼特模型,他认为企业家充当的角色非常丰富,很多角色企业家都可以重新进行配置,而且有些角色并不是建设性或者创新性的。甚至于某些时刻,企业家对于社会的发展是有害的。在研究古罗马、中国以及中世纪的欧洲历史以后,鲍莫尔提出了三个著名的命题,对企业家以及企

---

① 许庆瑞. 技术创新管理 [M]. 杭州:浙江大学出版社,1990:10.
② 傅家骥. 技术创新学 [M]. 北京:清华大学出版社,1998:2.
③ 孙诚,冯之浚. 企业自主创新与企业家精神 [J]. 中国科技论坛,2006(4):3-6.
④ 赵炎. 高新技术风险企业的企业家机制 [M]. 上海:上海大学出版社,2007:12.

业家精神进行了深入的研究。他认为企业家和企业家精神按照社会游戏规则对社会进行改变，对于社会发展有非常深刻的影响。

国内也有一些学者对企业家的非生产性活动进行了研究。例如黄泰岩和郑江淮就把企业家的行为划分为生产性和非生产性两类，并且对企业家行为进行了制度分析。他们站在国有企业的发展视角上，提出了要改变国有企业经营者短期行为和不完全生产性寻租行为，让企业家专注于生产性行为，当然这个前提是要转变企业家的智力结构及其他互补性制度基础。[①] 庄子银在总结国外相关文献的基础上，提出了扩展熊彼特企业家精神的想法，把企业家活动的配置转入内生技术创新模型，强调企业不仅应该从事生产型活动，而且也会从事非生产性的寻租、逃税以及腐败这样的犯罪活动。

（三）创新的激励

关于创新的激励，最早提出一个正规模型的学者是阿罗。他在1962年通过分析认为在竞争条件下的激励产生的作用将会大于垄断调价下的创新激励。弗里曼则认为国家创新激励的系统划分为公共部门和私人部门两个网络，强调政府的政策、企业与研究机构、教育和培训以及产业结构四个方面能够对创新产生激励作用。

在国内有不少学者站在定性的角度对技术创新的激励问题进行分析。其中傅家骥认为技术创新的激励框架包括产权、市场、政府三个方面。李柏洲则指出创新激励机制的建设需要健全市场和政府政策体系，这样有助于解决传统体制存在的问题，为当代社会的技术创新开辟一条道路。王一鸣则提出，提高技术创新的能力必须要创新激励机制，在全社会培育创新文化，整合利用外部资源推动创新。赵维双则站在委托-代理关系的模型基础上对创新激励机制进行了分析，在这个基础上分析了风险投资企业和科技人员之间的双重委托-代理关系的冲突。[②] 当然国内的研究中也不乏一些定量研究。刘和东以国内大中型工业企业的数据为基础对创新激励的因素以及效应进行了分析，他认为创新激励的因素主要包括四个方面，分别是企业内部激励、企业所在市场激励、政府政策激励和社会文化激励。[③] 潘颖雯和万迪昉则通过建立相应的多任务委托代理模型对创新激励活动中的两种不确定性进行了研究，并在这个基础上提出了基于委托代理模型分析的研发人员行为和最优契约影响理论，最后提出了相关的建议。

二、政府行为

国外学者对地方政府已做过相关研究。如关于地方政府的定义，科尔和博易

---

① 黄泰岩，郑江淮. 企业家行为的制度分析 [J]. 中国工业经济，1998（2）：56-60.
② 赵维双. 基于委托-代理关系的技术创新扩散系统激励冲突分析 [J]. 经济问题，2007（1）：55-58.
③ 刘和东，耿修林，梁东黎. 技术创新的激励因子及其效应比较：以中国大中型工业企业为对象的实证分析 [J]. 科学学研究，2005（2）.

(Cole & Boyne, 1995) 认为政府应该是一个民主选举产生的机构, 对社会的管辖权利应通过授权取得, 具有对地方公共服务供应的自由裁量权。① 关于政府的经济角色, 贝利 (Bailey, 1995) 认为政府的角色应该包括四个方面, 分别是社会资源的配置、收益的分配、社会行为的管制和社会秩序的稳定。② 同时他还认为自然垄断并不一定要求地方政府直接提供相应服务。例如英格兰和威尔士在供水与污水处理领域中采取了替代性的干预方法, 并且实行了政府管制。

国外其他学者围绕地方政府职能也做了相关研究。关于政府的分配职能, 奥茨 (Oates, 1972) 及其他理论家认为政府应该承担再分配的职能, 而且最好由中央政府承担。中央政府的行为能够减少相关收入群体从一个地方行政区向另一个行政区流动的现象。③ 关于管制职能, 伊万 (Evans, 1988) 认为在大多数情形下, 地方政府作为中央政府的代理人履行管制职能。土地规划许可是一种处理地方层次上市场失灵问题的行政管制机制。土地开发的另外一种替代性方法则是以开发权拍卖为基础的市场引导的机制。④

还有学者做了其他方面的研究。关于管辖权权限约束的原则, 马丁斯 (Martins, 1995) 认为, 对地方市政 (及其管辖区范围) 的强有力法律保护, 对于地方政府自治原则的维护所发挥的作用要比地方政府服务效率及地方公共生活中公民参与水平的任何边际改进所起的作用要大得多。关于地方政府内部权力的关系, 威尔逊和盖幕 (Wilson and Game, 1998) 研究了三个模型, 即: 正式模型、技术官僚模型、精英联合模型。

国内学者对地方政府的研究主要从以下三方面进行:

(1) 转型期地方政府的行为。付永从制度变迁的角度对政府、企业、居民的关系进行了研究, 也对政府在制度创新中的作用进行了研究。⑤ 毛传新对地方政府的行为以及行为条件进行了分析, 确定了政府的经济作用和均衡条件, 为进一步规范政府行为和完善中央与地方的关系管理提供了有益的思路。⑥

徐承彦对政府公共管理的行为进行进了考察, 提出了一个创新的概念——企业家型政府, 并对企业家型政府的创新思路进行了规范。⑦ 郭庆旺等则在澄清地方政府行为与宏观经济稳定的制度基础上, 创建了一个三阶段的博弈模型, 对地方政府

---

① MICHAEL C, GEORGE B. So you think you know what local government Is? [J]. Local Government Studies, 1995 (21).
② BAILEY S J. Public Sector Economics: Theory, Policy and Practice [M]. Basing-stoke: Macmillan, 1995.
③ OATES W E. Fiscal federalism [M]. New York: Harcourt Brace Jovanovich, 1972: 14.
④ EVANS A. No room! No room! The cost of the British town and country planning system [M]. London: Institute of Economic Affairs, 1988.
⑤ 付永. 制度变迁中的地方政府行为研究 [D]. 湘潭: 湘潭大学, 2001.
⑥ 毛传新. 转轨中的地方政府行为主体: 一种分析框架 [J]. 上海经济研究, 2001 (12): 31-39.
⑦ 徐承彦. 论转型期地方政府公共管理行为 [D]. 厦门: 厦门大学, 2003.

的行为以及宏观经济的稳定冲击进行了分析。①

（2）地方政府竞争。周业安等分析了地方政府竞争的性质及其对市场秩序的影响，并对地方政府竞争和市场秩序关系进行了实证研究。② 周黎安在研究中国地方官员的治理模式以后，认为中国官员的晋升制度是中国政府官员的主要激励模式，也是创造当前中国经济奇迹的一个重要根源。这个晋升制度本身也存在一定的缺陷，尤其是在激励目标和政府职能合理化之间存在非常严重的冲突，正面临着重要的转型。③ 王文剑等提出应及时改革现行的财政分权和对地方政府的考核激励机制，才能更好地发挥政府对社会经济管理的增长效应。④

（3）政府职能。关于地方政府的治理能力和公共服务提供能力，保健云提出了一些观点，认为这些方面应该是政府职能的主要方面，今后的政府改革应倾向于这些方面。⑤ 李军杰则在分析了地方政府经济行为短期化的体制性因素以后，提出转变地方政府职能需要体制突破。赖江扬（2007）分析了地方政府职能虚位的原因并提出改革设想。刘福垣、谢茂林（2005）认为政府的创新能力不足和市场机制不完善的情况下，政府在面临区域竞争的同时，智能行为往往表现出扭曲现象，职能表现为越位、错位和缺位。

三、政府对技术创新的影响

国内外学者做过相关研究，认为在发展中国家中，分权化的模式促使政府在集群创新和发展中发挥了重要的作用，其中国内学者的研究主要从以下两个方面进行：

（一）产业集群

丘海雄和徐建华（2004）认为我国的地方政府是集群技术创新的最主要行动者，地方政府的积极性要远远强于西方政府。在面临产业竞争加剧和市场失灵的时候，我国地方政府非常积极。财政分权刺激地方政府积极参与其中。⑥ 万春霞则把地方政府的产业集群管理作用概括成为规划扶持、政策扶持和创新环境营造以及社会力量整合与服务协调等。王泽强则对产业集群的发展中地方政府的角色进行了定位分析，同时也对外部环境和创新平台搭建以及事业集群资源等方面进行了分析。李晓娣、赵毓婷对地方政府在区域创新中的作用进行了分析，并在这个基础上对地方政府的行为进行了研究。刘炎以河南为案例，在产业集群的规划管理分析中认为地方政府对产业集群的管理应加快基础设施建设，健全中介机构，构筑产业集群的

---

① 郭庆旺，贾俊雪. 地方政府行为、投资冲动与宏观经济稳定 [J]. 管理世界，2006（5）：19-25.
② 周业安，冯兴元，赵坚毅. 地方政府竞争与市场秩序的重构 [J]. 中国社会科学，2004（1）：56-65.
③ 周黎安. 中国地方官员的晋升锦标赛模式研究 [J]. 经济研究，2007，42（7）：36-50.
④ 王文剑，仉建涛，覃成林. 财政分权、地方政府竞争与FDI的增长效应 [J]. 管理世界，2007（3）：13-22.
⑤ 保健云. 市场化中地方政府职能转变与区域模式 [J]. 经济管理，2007（21）：33-36.
⑥ 丘海雄，徐建牛. 产业集群技术创新中的地方政府行为 [J]. 管理世界，2004（10）：36-46.

服务平台。① 李建玲、孙铁山（2003）在研究北京高新技术产业区中指出了地方政府在产业规划中的作用。② 杜国贞、肖广岭（2006）则对产业集群的类型进行了划分，并在划分的基础上分析两种不同类型的产业集群的共性技术供给体系的差异，分析了政府、企业和其他创新主体的供给体系的地位和作用。③

（二）产学研合作

关于产学研合作，李丹的分析侧重于我国地方政府在这个过程中的角色：决策者、服务者、监督者和管理者。刘谋生则在分析地方政府产学研合作中的主导作用的基础上，将这一作用划分成为完善科技法规、推动资本市场发展和激起企业成为创新主体，激励产学研合作，为企业构建服务平台。骆品亮和余林徽对我国产学研合作的制约因素进行了研究，提出以产学研合作为走向的市场化平台，完善政府、产业和研发机构之间的关系。张赤东、郑垂勇提出：产学研结合是科技创新之路。白庆华等在分析现有国家和地方法规以及政策的基础上提出了促进产学研合作方面遇到的瓶颈，并且提出了解决问题的思路。

国内外学者对政府与创新的研究，都是着眼于国外的情况，很少有结合中国的实际的。而国内学者研究创新时，多数着眼于技术创新，研究非生产性活动的较少；有的虽然涉及非生产性活动，但研究的结论具有一般性，专门结合转型期中国的实际来研究地方政府对非生产创新的制约的文献很少。研究创新的激励有的只涉及某一方面或几个方面（如财税等激励）；研究地方政府行为对技术创新的影响也不多，不外乎研究地方政府对产业集聚方面、产学研合作方面的一些作用，缺乏对转轨时期地方政府行为激励企业技术创新的系统、全面的理论和实证研究。

第三节 研究思路与框架

一、内容结构

本书共分为八个部分。第一部分，导论。首先，提出问题及研究意义；其次，文献回顾及简要述评，分析现有理论研究的不足；最后，提出本书研究的理论前提，并介绍本书的研究思路与框架、研究方法及可能的创新。第二部分，对企业创新的理论进行了分析，主要是熊彼特企业创新理论和企业创新的外部性效应分析，着重

---

① 刘炎. 河南产业集群发展与地方政府作用 [J]. 郑州轻工业学院学报（社会科学版），2006，7（4）：63-64.
② 李建玲，孙铁山. 推进北京高新技术产业集聚与发展中的政府作用研究 [J]. 科研管理，2003（5）：92-97.
③ 杜国贞，肖广岭. 构建传统产业集群共性技术供给体系 [J]. 科学学与科学技术管理，2006（9）：71-77.

于企业创新的公共性分析，为引入政府职能做铺垫。第三部分，主要对政府职能进行了分析，结合企业的外部性以及政府管理市场的职能来分析，说明支持企业创新是当代政府职能的一个组成部分。第四部分，着重探究企业创新的内在动力，从企业面对市场竞争和企业内部的结构入手综合分析企业创新的动力之源。第五部分，对政府通过采购这一方式支持企业创新进行了研究，认为采用采购这一方式支持企业创新必须要预防企业的合谋，建立企业采购的声誉机制，对于合谋的企业采取永久性禁入的方式。第六部分，对政府采取资助这一方式支持企业创新进行了分析，认为支持企业创新应以间接资助为主，采取金融合作的模式支持企业创新。第七部分，对政府间接资助的一种方式——税收进行了更为深入的研究。第八部分，从绩效管理的角度认为政府支持企业创新是一项政府公共活动，应从项目管理的方式加强对企业应用优惠政策的监督力度，使得政策支持有一定的效果。总体上，对于政府支持企业创新，应加强过程管理和效果管理。在前期，通过专家匿名评审的方法，确定企业是否具有接受政府支持的资质，之后对企业创新开展形成性评价和总结性评价，确保政策支持的实际效果。

本书的研究框架如图 1-1 所示：

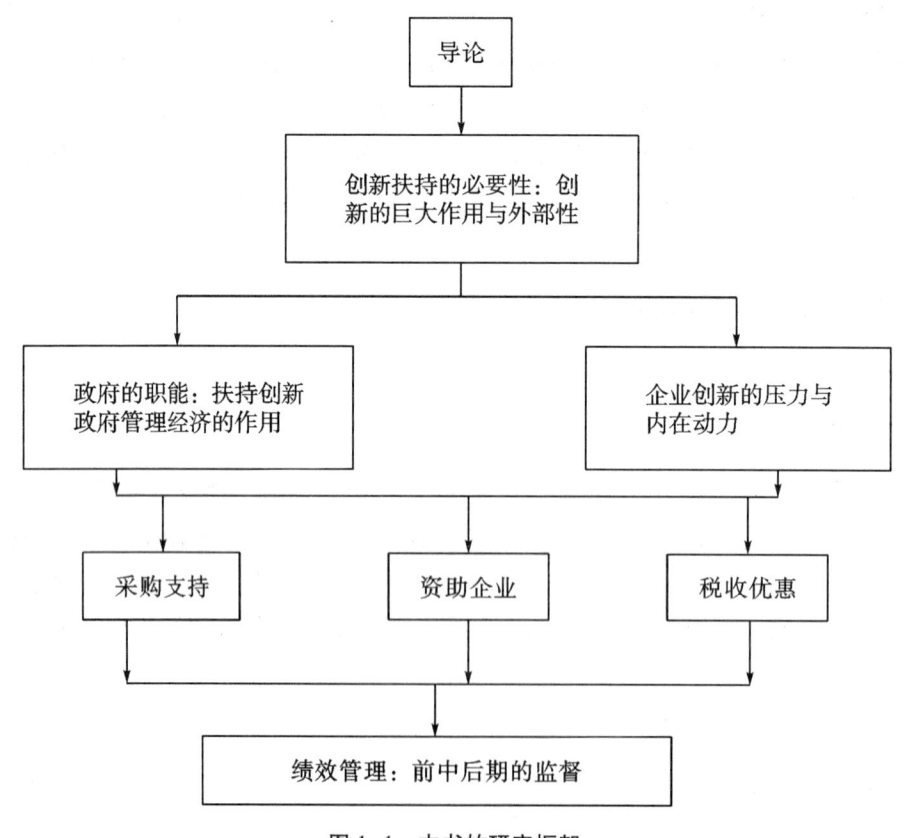

图 1-1　本书的研究框架

二、研究方法

（1）理论分析与典型案例调查法相结合，包括：①运用熊彼特创新理论理论、企业家理论和技术外部性理论等说明企业创新的外部性框架；②运用博弈学理论说明政府支持企业创新过程中的政府行为与企业行为。

（2）运用数理模型方法分析。构建数理模型分析不同激励方式下的企业活动与政府活动。

（3）理论分析与计量检验相结合。首先，运用多元统计中的共性分析、主成分和因子分析，得出影响企业创新的三个主要激励因子，验证了本书的理论。其次，构建各种变量关系的理论模型，运用计量经济的方法，对企业的行为进行分析和检验。

三、可能的创新

理论上，本书对企业创新动力和能力不足的原因提供了一个合理的解释。本书将政府、市场对企业家的制约引入企业创新活动，分析其对企业技术创新的双重影响。本书着重从技术创新外部性入手，分析了企业创新活动中政府和企业采取的理想化活动，并且考虑了不同的激励方式，如采购激励、资助激励和税收激励。

实证上，运用计量经济模型对所得出的观点和结论加以检验，并收集大中型工业企业有关创新的数据，运用主成分和因子分析得出企业创新的投入、产出与整合激励因子，验证激励的总体框架；通过对财政科技投入与技术创新关系的实证检验，分析了资助与技术创新的因果关系。

第二章 政府行为与企业创新的理论基础

要研究政府行为和企业创新的关系，首先要探讨企业技术创新的理论基础。这个方面，已经有许多经济学家做过探讨，最为著名的是熊彼特。本书在熊彼特经济创新理论的基础上，对企业创新进行理论阐述，说明企业创新的动力来源。

第一节 熊彼特创新理论

20世纪初，熊彼特就提出了著名的"创新理论"，这是在西方经济学领域之中第一次给予创新理论完整的阐述。因此，在之后人们谈到创新理论，多数情况下都会提到熊彼特。熊彼特创新理论认为，创新是社会经济增长的源泉。在熊彼特创新理论的推动下，社会经济开始转变增长的方式，有了新的进步和增长。下面对熊彼特式创新进行详细阐述。

一、熊彼特创新理论的概括性论述

从资本主义诞生到19世纪七八十年代的这个阶段，资本主义开始从自由竞争逐渐发展到垄断资本主义的阶段。资本主义的内部矛盾开始日益尖锐，阶级对立的现象造成了社会矛盾日益激化。经济危机的频繁爆发给资本主义的生产和秩序带来了巨大的危机。许多经济思想家开始从不同的角度认识资本主义的生产和发展。

1912年，熊彼特提出了"经济发展理论"，指出了创新给社会发展带来的巨大便利。在后来他提出的"经济周期理论"中，他又对创新理论给予了非常全面的论述。熊彼特的创新理论主要是对技术的分析和发明，创新资本主义生产方式中的运动与应用，资本主义的基本特征及其产生、发展和兴旺的过程进行了解释。[1] 由此可见，在熊彼特经济理论之中，创新是一个核心概念。熊彼特对创新的定义是建立

---

[1] 约瑟夫·熊彼特. 经济发展理论 [M]. 何畏, 易家详, 等译. 北京: 商务印书馆, 1997: 73-74.

一个全新的生产函数,也就是把一个前所未有的生产要素与生产条件组合起来。这种组合包括以下五个方面的情况:

第一,产品创新。利用现有的生产资料创造新的产品。

第二,过程创新。对现有的生产方法进行改造,不仅包括采用新的技术,也有可能是对现有生产方法的改进,例如转变程序和引入新的业务方式。

第三,市场创新。将产品引入新的市场中,可以是现有的,也可以是国外的市场。

第四,资源开发利用创新。在现有的生产工艺中引入新的材料或者新的资源。

第五,制度创新和管理创新。实现产业或者企业的重组,打破原有的生产方式或者打破企业的垄断地位。

从以上的分析可以看出,在熊彼特的创新理论中,企业家对产品、技术、流程、组织或者市场进行了创新与控制。创新涉及社会发展的各个领域。

熊彼特利用组合函数的方法对创新过程进行了描述。在熊彼特的创新理论中,创新是经济发展的一种形式或者方法,是"永远不会呈现静止的",将企业"内部不断革新经济的结构,创造新的结构",是一种创造性破坏的过程。[①] 因此,在熊彼特看来,创新的手段是对旧的组合进行破坏,创造一种新的力量。其结果自然是成功突破了旧的、低效率的生产方式。因此,在熊彼特创新理论中,创新是一种"旧组合—分拆—新组合"的过程,而不是仅仅强调"破坏性创新"的突破性成果。

二、人们对于创新的传统理解

从以上的论述可以看出,在熊彼特创新理论中,创新的机制不同于过去长期的一种技术革新过程,而是具有高度不确定性,具有较高成本的"创新"。可见,熊彼特创新理论打破了人们对创新的传统理解。

(一)创新是动态性的,周期长

依据创新的程度,传统理解的创新从新思想的引入到成功的发明,最终到创新点商业化转向,需要经历几年到几百年的时间。尽管随着创新管理工具的发展,创新的周期开始缩短,但是根据格鲁克(Grulke)的研究,从20世纪80年代到现在,一个创新项目的平均完成时间需要超过10年。长期的技术计划往往是创新成果稳定持续出现的根本保障。创新型国家普遍具有长期可持续发展的计划。但是,创新程度与创新周期并没有呈现明显的正比关系,一些重大发明也有可能是一瞬间就出现,也就是说创新具有一定的偶然性。

(二)创新是偶然的、随机的

创新的偶然性意味着创新本身具有高度的不确定性与不可预测性。从创新风险

---

① 约瑟夫·熊彼特. 资本主义、社会主义和民主主义 [M]. 吴良健,译. 北京:商务印书馆,1979: 102.

的角度来看，一个创新项目的展开需要面临较大的风险。许多研究说明，"创新"往往和异想天开同义，极具投机性。创新往往会产生一个新的技术轨道，与原有的技术延伸存在明显的不同。因此，渐进式创新往往存在着高度的不确定性与不可预测性。突破性创新的不确定性则是来源于技术。与潜在的科学知识和技术规范相比，创新的不确定性和消费者的需求相关。组织上的不确定性主要来自于主流组织和突破性创新团队之间的冲突。资源上的不确定则有可能导致项目中断。在格鲁克的研究中，技术、市场、组织、资源等领域的突破性创新本身都具有较高的风险性。

（三）创新具有高成本、高收益的特征

从熊彼特对创新理论的解释和分析中可以看出，对于原有的生产方式来说，创新是一种破坏性的组织方式，具有高度的不确定性。创新推动了产品的报废，同时也推动了整个产品生产过程中出现大量的生产线报废。因此，对于一个企业来说，创新往往带来了非常巨大的挑战。但是，如果一个企业创新成功，那有可能推动整个产业的进步，提升企业在整个产业发展中的市场地位。创新对于市场规律和竞争格局来说也同样具有巨大的破坏作用。在这种破坏作用背后，对于率先推出创新的企业来说，则是巨大的收益。因此，很多企业都在不断进行创新。

创新通常是导致整个行业变化的重要动力源泉，最终有可能成为企业产业发展的一个旗帜。因此，可以说，技术的市场规律发展是有变化的。总体上可以看到，创新给一个产业带来的变化主要体现在以下几个方面：

第一，新的产业功能特征。

第二，产品表现改善。

第三，节约大量的成本。

总之，对于一个单独的企业来说，一项创新产生之前，有可能要付出巨大的成本，而创新产生以后就会有巨大的收益。

三、熊彼特式创新规则

与传统的创新理解不同，熊彼特创新理论的发展始于创新的本质——创新的规律。从前面的论述中可以看出，熊彼特创新理论的核心是生产函数的再造。

在熊彼特看来，创新是原材料和新力量的结合，相同的事物以新的生产函数产生不同的东西，也就是生产资料的新组合，生产出的新的发展特点。对于企业家来说，企业家将以前从未见过的生产方式进行组合，创造了新的生产功能。这些原材料和组织方式为创新的形成创造了基本的条件。创新的动力和成本并不是直接相关的，而是受到生产条件和生产要素的制约。

因此，在熊彼特的创新理论中，新的生产方式组合的产生并不是一个随机的、偶然的过程，而是一个遵循一定规律的过程。按照这个规律，创新的机会成本将会大大降低，企业要付出的创新成本也会不断降低，创新的周期也会缩短。

因为在熊彼特看来创新导致了材料使用方式的系统性变化，结果是非线性的。

新的生产方式出现将使得知识自动被引入经济系统，传统的生产曲线将会不断更新，呈现一个非连续的过程。马歇尔对此的描述是经济系统的自我平衡。经济的发展将会通过创新最终趋向于平衡的状态。各种力量的影响，通过不同的传导方式，最终将经济持续推向最佳的生产状态。如果原料的投入不足或者服务不足，原料的价格自然会上涨，从而引起更多的资源以不同的方式进入生产体系，生产体系开始得到调节。在这种状态下，价格自然会因为供应的增加而不断下降。这种经济发展模式的变化观点表明，经济的调整是连续而且平稳的。相反，对于熊彼特创新来说，创新并非如此。经济的变化并不是连续的，而是不平稳的，实质是从一个均衡向另一个均衡缓慢调整的结果，并不是连续变化和运动的结果。创新则是这个过程的推动力，对于原有的生产方式具有一定的破坏作用。创新的波动不可能是渐进的，而是一种突然的过程。在生产发展中，外部的冲击可能导致经济繁荣与衰退的交替。

下面将会从熊彼特创新理论的基础上，进一步区分熊彼特创新理论和其他理论的不同。从宏观和微观的角度对熊彼特创新理论和经济周期的关系进行分析。

四、基于熊彼特式创新的分析

（一）运用博弈论框架理解创新

在我们的生活中，创新是始终存在的。前面所描述的熊彼特创新理论在社会的各个领域都是存在的，并非只存在于商业领域。在企业创建之前，创新就是存在的，任何领域的成员都有自己的动机，任何社会结果都可以理解为基于社会成员动机基础上的创新。因此，我们可以根据不同的范围，也就是原有领域、组织领域和社会领域来概述创新。

把"制度创新"扩大到"创新"，也可以把"创新"看成一种游戏。"创新"就是要在一个领域找到一个平衡点，就是要找到创新的结果，如图2-1所示。

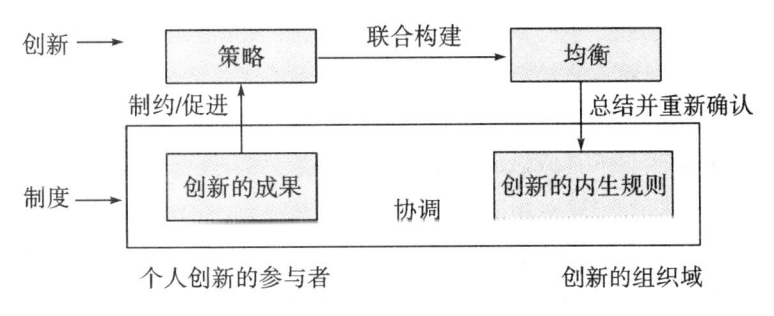

图2-1 创新博弈

在创新活动的博弈中，创新的活动和制约创新的制度是一个统一的整体。当前的战略组合模式通过不同领域的联合形成一个平衡。在每一个领域中，创新都有一定的规则和历史。这些规则和历史依据每个领域的现有技术水平和参与成员的能力，以及社会法律制度环境而有所不同。在制度和内生规则下，创新领域的成员相互之间都有明显的制约关系,对这些制约关系的突破产生了新的创新成果。因此,创新成果将会是创新领域内部成员之间关系的延续。

因此,在不同的领域之间的动态博弈均衡可以视为基于时间的垂直创新。

(二)创新原域的分析

在博弈论的基础上引入创新,可以引入熊彼特创新的平衡路径。创新包括引入路径和破坏路径,产生大规模的均衡转换。因此,产生了三个原域:

第一,两人经济交易领域。每个参与者都有可互换的商品以实现双赢。只要两个人同意并履行承诺,两个人之间的交易就可以发生。

第二,三人的政治和组织领域。参与政治或者组织的人并非是对称的,可以分析为领域的类型。例如那些经典层次的结构、团队层次结构和模块化结构。

第三,N人公共资源和社会交易领域。该领域直接影响受让人的社会符号,已经被社会广泛认可,产生了企业和社会的规范,推动一个组织进行实践。

在具体的创新中,创新原域的作用如图2-2所示。

图 2-2 创新原域的作用

因此,根据创新原域的定义,创新原域是一个创新产生的最小单位,具体来说可以是个人、团体或者某一个企业。创新原域的界限取决于不同原域之间的关系。

在创新的过程中,新古典经济学坚持个体分析方法中不存在"摩擦",人们需要付出的交易成为零。这个体系中,不存在信息不对称现象,人们都能够依据已有的信息做出最佳的选择。生产函数 $y=f(K, L)$ 的投入和产出能够使得企业实现利润的最大化。因此,在新古典经济学中,学者们并不考虑每一个企业的具体生产方式,将其视为一个黑箱,而是关注社会领域内各种生产约束的协调。

在已有技术的约束下,原域的创新实际上是生产转型边界上的探索,目标是寻求最优的生产模式。如果资源也受到一种约束,那么就意味着一个新的生产原域出现。原有的生产原域在转换边界下开始形成最优的生产结构。原域创新的作用在于扩大转型的界限。在新的转型界限之内,原始利润的创新将再次寻找生产向量。与原域相比,新的领域和元素的集合将会是不同的。显然,在生产原域的变化带来了原始生产向新的生产模式的转换。

原域调整生产的集合,对产品、过程、组织甚至市场进行创新。由于信息的不完整性与风险性,原域总是利用目前可以利用的信息来收集和评价信息,并对新的风险进行评估,以此做出判断。为了节省政策成本和降低风险,决策也开始取决于现有的生产经验。原域的创新则产生了新的治理结构。

在规模报酬不变的情况下，新产品、工艺、组织或者市场的创新追求最优化的生产媒介，并且不断追求最大化的利润。风险和收益呈现正相关的关系。在决策过程中，人们追求最大化的利润，未必是在寻求熊彼特创新决策，不一定选择最高风险的创新，也就是说，高风险的创新模式未必是人们选择的利润最大化模式。

由此可见，在没有外部变量的条件下，原域的创新不受外部资本、人力资本和信息的影响。创新运作的机制完全依赖于内生变量，包括资本、人力和信息。

（三）创新原域的链接方式

和原域相关的均衡是创新的原型，通过这些原型的均衡链接可以获得更加符合实际的制度模型。依据博弈主体的动态选择，可选择包含原域在内的三种不同创新模式。如果参与者选择跨领域的战略，那么原域将会是相互链接的。

（1）原域的嵌入性链接方式。经济原域、社会原域和组织原域之间是相互嵌入的。现代社会组织中市场结构的参与者将特定的人际关系和社会结构相互嵌入，产生了信任，并且阻止了不法行为，同时也形成了通行的社会规范与价值观。

（2）原域的互补性链接方式。每一个参与者和特定的参与者直接的链接选择总能形成一个单一的均衡。或者，参与者将属于另一个原域的参数放在当前的原域内，形成该原域链接的特定策略。

（3）原域的捆绑式链接方式，包括内部捆绑和外部捆绑两种。内部参与者将类似的领域捆绑在一起。例如，多重合同捆绑关系中，工厂、风投、销售等渠道组合在一起。

由于这些不同的链接之间形成了外部性，每一个原域都是独立的和非连续的链接方式。域内制度安排则是内部联系的、多元化的。因此，创新原域和创新组织之间的联系如图2-3所示。

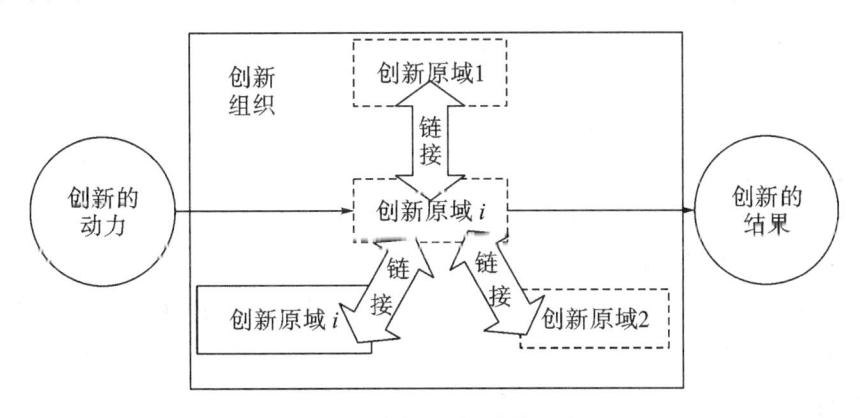

图2-3 创新原域—创新组织

创新并没有局限在原域的一个领域内，某一个方面的转变可能打破原域的界限。从过去创新的发展来看，"资本—信息—知识"的不同变化使得进入创新原域的要素分离了自己的所有权与使用权。原域内外元素的目标函数可能不同，但是收入必须符合一定比例或者分配规则。

（四）创新的三种变迁机制

随着创新组织内外部环境的发展变化，创新组织结构也将发生变化。本书将对创新的游戏平衡性有所介绍，然后将创新的转变理解成为一种均衡的非连续转换。

前面所论述的原域的三种链接方式，将多个不同的原域链接在一起，形成一个从封闭到开放，从简单到复杂，从无序到有序的创新组织。在资本、人力、知识和信息方面的转变使得创新转变为一个新的均衡。

根据青木雅彦的创新研究，必将有三种模式的创新和变革：熊彼特的松绑和再捆绑、重叠性社会嵌入和动态的互补，如表2-1所示。

表2-1　　　　　　　　　　　创新变迁机制的比较

机制与特点		变迁的模式
由一些（或全部）参与人发起的新的（创新性的）实验性选择	一种新的、链接相同或不同域的方式，均衡开始形成	熊彼特的松绑和再捆绑
	创造一种动力使得至今无法观察到的或次优的选择变得可行，随后通过其他域中现存制度的互补性增强、相关能力的提高、政策变化和类似的因素来实现这些选择，甚至形成一个新的域	重叠性社会嵌入
伴随着其他参与人对这些选择的策略性适应所形成的稳定性		动态的互补

尽管创新和变革的三种模式在概念上是清晰的，但它们更有可能在现实中同步并以互动的方式运作。

熊彼特式创新的演变将原域的不同链接方式进行了革新，形成了更多的创新因素并融入创新过程。这个手段就是"破坏"旧的组合，造成"原有力量的破坏"，其目的是推动经济的突破性增长。熊彼特的创新理论中"创新性破坏"将经济周期和投资波动以及技术与制度联系在了一起。

熊彼特创新中的松绑和再捆绑将生产要素组合的思想延伸到博弈组合中，把一些物质资源重新组合使其更有价值。同样的物质资源，进入新的组合中将会形成效率更高的生产方式。今天的个人电脑组成与其诞生之初几乎完全相同，但是速度已经增长了100多倍，而且具体应用也更多。这就是物力资源重新组合的力量。当今网络的出现和广泛应用也释放了其他资源的组合，极大地提高了创新的能力。

硅谷的发展被认为是熊彼特式创新最为引人注目的一种历史事件。作为一个系统性现象，硅谷并不是一两个创新企业，而是一个创新型企业的集合。这个集合将风险投资和其他企业联系起来，汇成一股创新的力量。

因此，整体上，创新是一个体系。在创新动力的作用下，创新原域之间的联系是相互的。随着时间的推移,创新的方式能够相互转化,形成不同模式的创新。基于这一创新系统的政府资助效率就是本书的研究对象。

第二节 企业家精神与企业创新

很显然,同样的环境下,不同的企业会有不同的表现,其根本原因就在于企业家。一个优秀的企业家,总是能够给员工以持续创新的动力,让他们能够放弃一些东西投入创新思考。企业家的创新能力和冒险精神也推动着他的员工积极投入企业创新。

一、企业家精神的含义

从前面的论述可以看出,创新具有高度的不确定性,与高额回报并存。实现创新的根本因素在于创新点主体——企业家。从过去一百多年国内外优秀企业家的经验来看,企业家开拓创新、敢于冒险的精神在创新中发挥了重要作用。对此,熊彼特这样描述:

企业家不断在经济体系内部进行创新突破,将旧的生产方式破坏,实行生产要素的重新组合并推动国民经济向前发展。

在这个描述中,熊彼特将企业家的精神简单定义为敢于担当风险和用于创新。在熊彼特看来,企业家追求的是高额的垄断利润,这是经济发展的主要动力。今天,人们认识到的企业家精神,往往也融入了企业家创业。企业家的成功欲望和敢于冒险的精神,以苦为乐的精神,对利润的敏感以及强烈的事业心是企业家成功的五大要素。企业家群体促进创新的发展,推动社会的进步。本书在继承熊彼特、凡勃仑、鲍莫尔等相关学者的基础上,对"企业家"和"企业家精神"的理解如下:

企业家是为追求利润(广义是现金流)而不断进行创新的发动者、策划者、组织者和实施者。追求利润是企业家精神的本质;不断创新是实现利润的手段。企业家为获取利润,采用的创新手段不仅包括技术创新还包括非生产性活动创新。

作为一种投入要素,企业家才能和其他投入要素一样,如果在各种可能用途上能够取得的相对利润期望值发生变化,那么就会进行重新配置,由一种用途转移到另一种用途。在各种使用途径中,企业家才能都一般化地抽象为寻求获得财富、权力或者名望的机会,这决定了未来收益的价格安排会深深地影响经济体系中企业家才能资源的分配。[①] 当在一个经济体系的报酬支付结构中,从事诸如寻租(或者更恶劣的)等非生产性活动比生产性活动更有利可图时,企业家就会从事此类活动。

企业家的行为通常是指企业家在不确定的环境中通过稀缺资源的协调判断决策

---

① 威廉·鲍莫尔. 资本主义的增长奇迹[M]. 彭敬,译. 北京:中信出版社,2004:67.

时表现出的战略性行为。在经济发展的过程中，一旦企业家看到获得利润的大量机会，企业家的行为就表现为追求利润的最大化。由于这种行为只改变收入的分配状况，对技术创新不仅没有任何促进效果，甚至有可能起到破坏性作用。

二、企业家与技术创新

虽然创新者一般是企业家，但并非所有的企业家都是创新者。同时，发明家也不一定是创新者。这是因为，一种新发明只有当它被应用于经济活动时，才成为"创新"，因此，只有敢于冒险，把新发明引入经济的企业家，才是创新者。①

作为企业的经营管理者，企业家并不直接参与企业的技术创新过程，而是通过多种途径对技术创新过程施加影响。首先，在技术发展活动中，将资本、人力、信息和知识集合起来形成一个生产集合，并在生产集合内部组织生产。其次，倡导技术革新，用自己的影响力和理念推动企业内部的创新活动。再次，为企业的生产法发展提供创新的支持，为技术创新提供所需的资源，包括资金的供给和信息的搜集。最后，为产品的销售寻求市场，开发新的技术和新的方法作为产品销售的出口，保证技术创新的回报。具体来说，企业家在技术创新中的作用如下：

（一）企业家具有敏锐的洞察力——把握机会

经济学家西蒙等把企业家看作"经济机会的发现者"，企业家对利润机会的敏感反应使得他们在市场中具有十分关键的作用。企业家在高度不确定的环境中进行决策，并且承担失败的后果。因此，每一个企业家都具有战略的眼光和洞察力。

对于机会的发现和把握是企业家的基本作用。一般来说，企业家会通过机会的发现、机会的筛选、机会的资金准备等环节把握机会，通过不断的扩充和优化，往往能够进入机会发展的循环，如图2-4所示。

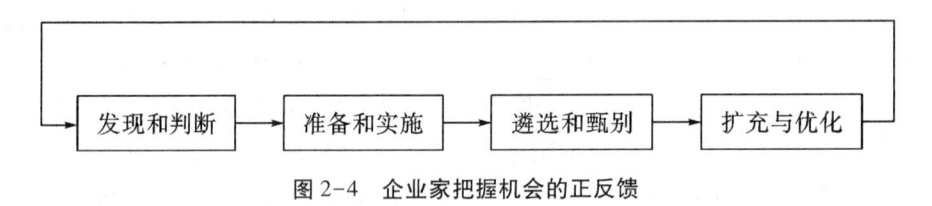

```
发现和判断 → 准备和实施 → 遴选和甄别 → 扩充与优化
     ↑_____|
```

图2-4 企业家把握机会的正反馈

当前，企业家之间的竞争已经转变到知识的基础上，竞争的焦点开始转变成为高新技术的转化。竞争的核心已经不仅仅是产品的生产与服务领域，已经转移到产品的研究和开发阶段。② 在这种情况下，企业家之间的竞争成败不仅仅取决于产品或者服务，而且更多地取决于研究开发的主攻方向和创新主题的正确与否。

企业家不仅能够看到现在的技术状况，而且能够看到以后技术的发展变化，对于新技术和新产品的发展具有十分敏锐的洞察力。因此，企业家能够在技术战略和

---

① 吴敬琏，黄少卿. 权与利的博弈 [J]. 品牌，2006（8）：18-21.
② 赵炎. 高新技术风险企业的企业家机制 [M]. 上海：上海大学出版社，2007：35.

市场上做出正确的选择。对于科技开发的方向和科技成果的转化，企业家也能够确定未来的发展领域。在技术创新的选题上，企业家往往处于一个十分重要的地位。

（二）企业家具有创造力和创新精神——创新决策的主体

企业家以自己的创造力和创新精神，不断地在经济结构内部进行调整和改革，对旧的生产方式进行创造性的转变，实现生产要素的重新组合，同时也创造新的交易机会和效用，提高经济资源利用效率。企业家引领的科技应用发展使得竞争的态势和领域发生了巨大的变化，不仅会产生明显的竞争对手，而且还会产生潜在的竞争对手。在新技术初现端倪的时候，企业家往往会紧紧抓住技术发展的机会，推动企业的内部发展，并针对企业的技术创新需求做出正确的决策。

（三）企业家具有团结协作和集思广益的精神——创新集成整合的主体

企业家在企业的发展中，往往具有引领作用，能够开展不同部门的广泛沟通，构建一个完善的创新网络，也就是内部网络和外部网络。内部网络是企业内部不同部门之间的创新合作网络，目的是促进部门之间的知识共享和思想交流，实现知识的创新和效率的提高。而对于一个企业来说，外部网络的形式则有很多，包括企业和其他机构之间的合作关系。为了创新的知识联盟也是这种合作方式之一。企业家会在内部和外部网络的基础上形成各种变量和要素的有效集成与整合，提高创新的效率。

从外部网络的角度看，对于大学或者科研单位而言，创新往往只是试验品或者样品，在技术上具有合理性，但是在实际转化的过程中，则需要进一步的完善。对于企业家来说，技术创新需要与企业相关的特定知识相结合，这些知识具有一定的专门性和专有性特点，是科研机构难以提供的。从科研机构提供技术的外部网络入手，企业家需要将这些技术与企业内部的发展整合在一起。企业家是其他组织无法替代的。科研成果转化为商品需要大量的工作，需要投入大量的精力才能获得效益。这就要求企业家在知识转向产品的过程中，将创新的要素形成一个集合，凸显出企业家的协调能力。

（四）企业家敢于承担风险

企业家创新的主要风险来自于两个方面，一个是技术转化的不确定性，另一个是市场的认可与接受程度。在创新过程中，由于技术、市场、权益和环境的不确定性以及激励创新制度的不完善，因而科学发明在逐渐转化为技术创新，并且转化为商品的每一个环节中都充满了风险。例如在实验阶段，无论成败，企业家都要承担风险。在转化阶段，科学发明转化为技术的概率很低，能够市场化的概率更低，尤其是对于高新技术企业来说。而在知识经济时代，技术更新的速度更快，以至于每一种产品成功收回投资之前都有可能被另外一个产品取代。互联网的信息传播速度则在一定程度上放大了这个效用。一旦某个技术一枝独秀，其他技术则有可能很普通。

风险在根本上来源于资产专用性。随着交易的发展和联系的日益紧密，企业的生产范围日益狭窄，无论在内部技术、管理还是在外部市场上都只能适应于某一特定方面的要求。甘冒风险是企业家精神的重要方面，因为企业家要获得总收益减去总成本后的剩余部分，其大小取决于企业家决策是否科学、管理是否有效、采取的措施是否坚强有力和出其不意。通过职能的专业化，市场的不确定性得以大大减少。同时，企业家有更强的自信心、判断力和更完备的知识及其决策与道德危害联系紧密，这为企业家树立良好的声誉和创建专业履历创造了条件。

企业家甘冒风险的行动序列主要分为三个步骤：①寻找并利用资源，弱化专用性资产作用，减少风险，这是突破资产专用性壁垒的前提和基础。②突破制度约束，实现边际创新。③排除外部干扰，顶住压力，逆风而上，这也是突破资产专用性的实质性阶段和关键步骤，在实施内部机构改革和技术创新方面具有特别的意义（如图 2-5 所示）。

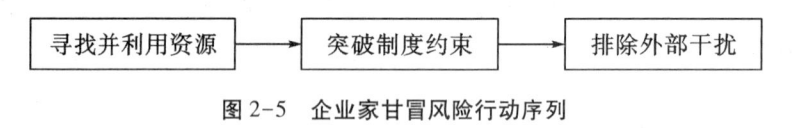

寻找并利用资源 → 突破制度约束 → 排除外部干扰

图 2-5　企业家甘冒风险行动序列

第三节　企业创新的外部性效应

放眼全球经济，人们可以观察到有很多地区存在这样的现象，有些乐于从事创新，而且创新的能力也很强，例如硅谷和中关村。一部分经济学家将其归结为企业创新的外部性效应。通过技术的外部性推动其他企业投入创新。

一、技术外部性

与企业创新机制的其他解释相比，目前大多数经济学家主要将企业创新归因于企业集群技术外部性。关注企业集群的技术外部性始于马歇尔。马歇尔认为，产业集聚的主要动力来自中间投入的多样性、巨大的劳动力市场库存和企业间丰富的知识溢出。后来经济学家进一步总结了马歇尔从外部经济学角度提出的金融外部性和技术外部性。金融外部性是指行业的前向关系，通过价格机制来降低企业的成本；技术外部性是基于知识溢出和传播的环节。

尽管技术外部性的观念已经被广泛接受，但目前对于技术外部性的定义还不统一。斯蒂格利茨（1969）将技术外部性定义为"做类似的事情（模仿创新）并从其他研究中获得更多（模仿创新研究）"，限制了创新者和模仿者之间的技术外部性。Kokko 将技术外部性定义为当地企业在没有外国企业正式转让外国企业的情况下所获得的现象，并且界定了外商投资企业与当地企业之间的技术外部性。CanieLs（2000）将技术外部性定义为"通过信息交流而不补偿知识创造者，或者给予低于智力成果价值的补偿"，这极大地扩大了技术外部性的范围。

技术外部性与创新之间的联系是基于这样一种认识，即创新从根本上来说是其所掌握知识的组合，其中包括企业的内部和外部知识。企业集群中类似企业、支持产业、高校和科研院所等创新机构的聚集，为企业提供了一个以低成本获取外部知识的网络，大大提高了企业创新的效率。这种观点的确立逻辑上解决了两个问题：一是企业集聚有利于形成更丰富的技术外部性；二是这些技术外部性很难通过其他方便的手段获得。现有的文献基本上把前者作为一个不言自明的前提：企业集群内企业之间的密切互动、产品的流通和技术人员的流动，导致了企业技术秘密保护的困难和不可控制的外溢效应。对于后者，绝大多数文献都把这归因于知识的沉默。

并非所有的知识都能够长距离传输。大量的知识属于只能被理解和不能被表达的隐性知识。只有通过企业内的特定学习才能充分获得。这种对知识的理解来自先驱研究将知识分为两类：隐性知识和显性知识。所谓的"显性知识"意味着"可以通过编码的通用形式语言展示知识"。相应地，波兰尼把"隐性知识"定义为"理解人类思维和行为的内化"，因为这种知识是"内在于人的思想和行为中的"。当用于交流时，它必须进行转化，使其可以成为明确表示。波兰尼认为，隐性知识的存在有两个原因：第一，知识拥有者也不是了解很多，例如游泳和骑自行车等，这使得他们无法表达，所以只能通过密切观察知识拥有者的行为知识传授；第二，虽然知识拥有者对知识的理解是清楚的，但只有通过自身的论证，才能通过语言、文本、图形等来表达。波兰尼上述定义的核心在于隐含的知识只能通过经验的积累获得。这对以后的研究有重大的影响。

波兰尼把隐性知识等同于无法编纂的知识，认为编纂知识是不沉默的。事实上，一些完全编纂的知识获取有时会表现出本土化的趋势。例如，专利知识是编码知识的一个标准，但专利引用往往体现出明显的本地化倾向。卡斯蒂略（Castillo，2002）的一篇论文试图通过将隐性知识分为四类来回答上述问题：①存在于人的思想中的知识尚未清晰。因此，当第一次表达时，通常可以使用肢体语言和音调来传达某些信息。理想的情况下，可能会有很大的飞跃。②与特定的社会和文化背景相关的知识。这种知识表达是没有问题的，但是对这些知识的理解必须结合具体的社会文化环境，深入环境才能正确理解。③该术语属于人口的特定区域，只有这个群体的人才能理解这个术语。④鼓舞人心的知识。励志知识是一种在无意识状态下形成的，属于自己，不能被他人获得的知识。但是聚在一起并与这些人交流有助于激励他人。卡斯蒂略的贡献是他清楚地区分了编码和开发知识。在他看来，非编码知识往往是沉默的。编码知识并不一定要表现出知识，但编码知识（如许多术语）的一些理解必须基于知识或经济活动的社会文化背景。

技术创新的本质上是获得垄断优势的过程。通过市场交易可以获得明显的知识。隐性知识的获得是公司形成独特产品的能力。因此，法拉赫和易卜拉欣认为"所有的发明和新思想都是从隐性知识开始的"。隐性知识是解释技术外部性本土化和技术创新集群化的关键假设。

二、技术外部性与内生技术进步

区域创新系统理论提出了创新网络对企业创新的重要性，从技术外部性角度解释了企业集群支持创新的内在机制。但是，区域创新系统理论在技术外部性建模方面没有取得重大进展。在现有的文献中，技术外部性是技术创新的一个变量，主要集中在两种类型的文献：新增长理论和合作创新理论。这部分主要侧重于对新理论领域的技术外部性和技术进步的相关理论进行梳理。

阿罗（Arrow）最早提出内生生物技术的改进模式，但是罗默引入主流经济学理论的技术外部性的真正来源。罗默（Romer，1986）遵循阿罗（1962）的技术外部性理念作为经济赋权的一种解释，假定知识生产的私人边际收益递减，知识的积极外部性以及新知识的社会边际收益增加。但是，与阿罗认为知识是企业资本积累的副产品不同的是，罗默继承了卡尔·肖德（Karl Shdl，1967）的观点，认为知识是由寻求利润的公司做出有意识的投资决定的结果，目的商品在生产过程中不可避免地会溢出，形成公共知识。因此，罗默被直接视为私人而不是资本。企业的产出是私人知识、劳动力和公共知识的一个功能。公共知识的增长是企业私人知识溢出的结果，即企业数量。罗默认为，在技术外部性存在的情况下，只要劳动和总体知识（私人知识和公共知识）的生产效益增长超过私人知识进步和经济增长，就会实现技术持续增长。同时，罗默认为，在大量企业中，社会知识的整体水平是每个私人企业的外生变量。因此，私人企业在做出投资决策时，不会考虑自身投资行为对社会知识存量的影响。这导致了分散经济的竞争性次优解决方案，企业知识投资的竞争性知识水平比社会最优投资水平低。罗默得出的一个政策建议是，政府应该补贴生产知识的制造商或者对其他生产征税，同时补贴知识生产，从而使部分生产要素从消费品制造部门流向研究部门，从而增加技术进步率和经济增长率。

罗默（1986）的模型认为，由于知识的溢出效应，可以假设所有的企业都是价格接受者，因此可以使用完全竞争的分析框架来检验经济增长的过程。但事实上，这个分析框架并不是最合适的。罗默假设知识是私人生产的结果，同时具有积极的外部性，这实际上意味着知识具有两个特征：非竞争性和部分排他性。Dasgupta 和 Stiglitz（1988）的研究表明，如果非竞争性投入只是部分排他性的，分散的竞争性均衡将是不可持续的。这表明，如果用经济投资来解释经济增长，就必须放弃完全竞争的假设，转向垄断竞争的框架。否则，我们只能解释意外的技术进步下的经济增长。基于此，罗默（Romer，1990）提出了一个新的知识驱动模型。他把中间产品的多样化视为技术进步的一种形式，把生产分为三部分：①利用人力资本和全部知识库的研究部门进行新产品设计；②中介产品制造部门为新产品的设计购买专利，使用新产品设计和其他投入生产中间产品；③最终产品生产部门，使用中间产品、人力资本和劳动力生产消费品。罗默认为，新知识是中间产品生产者严格专有的，中间产品生产者只能通过购买新产品设计专利获得新知识，从而确保研究公司垄断利润。然而，研究部门之间存在知识溢出，任何研究公司产生的新产品设计知识溢出成为所有其他研究公司免费提供的公共知识。同时，罗默改进了两个假设：一是放弃完全竞争假设，假设新产品设计和中间产品生产是垄断竞争市场结构，最终产品生产是完全竞争市场利用每个公司的私人知识的累积知识，公共知识库存被假定为新产品设计数量的函数。新产品数量越多，公共知识库存就越多。在这种新的知识驱动模式下，知识溢出仍然是增加收益的关键。由于知识溢出，每个企业形成的新产品设计导致公共知识存量的增加，公共知识存量的增加将提高每个研究企业的生产率，降低研究成本，形成更多的新产品设计。二是新产品设计的增加将导致中间产品多样化的增加和最终产品生产部门生产力的提高。结论表明，均衡的经济增长率与总人力资本，与部门分配的人力资本数量和市场利率有关。研究部门分配的人力资本越多，新产品设计就越多。新的知识生产和积累越快，均衡的经济增长率就越高。但是，由于知识的部分独占性，研究部门投入的人力资本在均衡状态下会下降，分散经济只会处于社会的次优状态。因此，政府应该为知识的积累提供补贴，或为购买新产品设计提供补贴，以鼓励更多的人力资本分配给研究部门，最终提高经济增长率。

罗默（1986，1990）的模型为从技术外部性角度解释内生经济增长开辟了一个新的视角。知识驱动模型基本上是对罗默模型的不同方面的补充和修正。例如，里韦拉和罗默（1991）简化了罗默模型（1990），并将罗默模型（1990）转换为单一部门模型；巴罗和萨拉（1995）研究了不同的专利保护制度对经济增长的影响；潘元和史金川（2001）从知识溢出的角度对克摩尔（1986）模型进行了改进；等等。

格罗斯曼和赫克曼（1991）的研究也可以被看作对罗默（1990）文献的补充。不像罗默（1990）把技术创新视为中间产品的多样化，格罗斯曼和赫克曼（1991）将消费品作为一种具体的技术创新形式进行多样化，这种技术创新采用了罗默（1990）的研究，中间产品、最终产品的三个部门减少到研究和消费品制造的两个部门。鉴于消费者的选择符合斯蒂格利茨的偏好假设，每种新产品都是现有产品的不完全替代品。为了充分说明技术外部性对技术创新和经济增长的影响，格罗斯曼和赫克曼首先认为，像普通商品资本一样，知识是完全私人的，研发投资收益完全被创新者所吸引。在动态均衡的初始阶段，产品类别数量相对较少，单位产品利润较高，所以会有积极的研发活动。但是随着新产品数量的增加，新发明最终会迫使利润率下降到折扣率，此时商业研究活动的私人动力将完全消失。这意味着，在没有技术外部性的情况下，技术创新和经济增长将长期停滞。不放弃以知识为基础的私人产品的假设，各种技术创新不仅给创新者带来一定的垄断利润，而且增加了公共知识存量。由于公共知识存量的增加会减少新产品的单位创新所需要的劳动力，只要研究成本下降的速度快于新产品的边际收益，厂商的利润率就一直保持在折扣率以上。发展激励总是存在的。格罗斯曼和赫克曼（1991）对罗默模型（1990）进行的改进主要有四个方面：一是在消费品差异化的技术创新形式下，考察了技术溢出与经济增长的关系；二是提出并初步研究了研究活动投入与知识存量增长之间的非线性关系；三是研究技术溢出滞后与经济增长的关系；四是分析两个鼓励创新对经济增长的不同产业政策的影响。为了刺激研发活动，政府直接为研发企业提供补贴，而另一些企业对制造差异化产品的企业进行补贴，但这两种政策的效果是不同的。

上述基于知识外部性的新增长模式，构建了经济主流和技术外部性与技术创新之间的桥梁，明确了区域创新系统理论下企业集聚引发技术创新的模糊机制。新增长理论提出了促进研发型企业间知识溢出和为研发型企业提供补贴的观点。这对于理解企业集群下的知识产权政策和产业政策的制定具有积极的借鉴意义。

三、技术外部性与企业合作创新

在内生性技术进步的理论框架下，技术外部性促进技术创新的原因在于，任何一个企业所生产的知识都可以提高整个社会的生产力。因此，物质要素的边际生产力不会无限期地减弱，从而导致技术进步的持久力量。然而，技术外部性意味着企业通过研发投入外溢来降低生产成本。企业不能垄断整个研发和创新效益，从而削弱其相对竞争优势和研发积极性。在合作创新理论中，当知识溢出的比例较高时，企业将从自主研发转向合作研发，从而保持研发投入和技术创新的动力，这就给出了另一种针对集群技术创新现象的解释。关于合作创新的相关文献着重研究了不同程度的技术外部性对研发合作行为的影响，以及不同形式的研发合作对企业利润、研发投入、产出水平和社会福利变化的影响。

早期的技术外部性与研发之间的关系分析来自拉夫（1969），他假设了几家寡头企业在市场上的几个古诺竞争，企业从事研发的主要手段是聘请更多的研究人员。如果企业自主开发，每个企业可以从其他企业的研发中获得一定比例的知识溢出。如果企业进行合作研究，可以得到完整的知识共享（相当于溢出率为1）。在这种情况下，拉夫认为，如果企业自主研发，知识的外溢就会导致竞争对手技术水平的提高。研发带来的创新效益不能被企业垄断。每个企业的研发投入都会低于社会平均水平。如果企业在研发上进行合作，即使知识不是双方交换的结果，知识外部性的内化也会鼓励每个企业增加研发投入，从而提高技术创新能力。拉夫（1969）只考虑了合作的研发阶段，没有考虑生产阶段和两个阶段之间的相互作用，阿斯帕拉蒙和雅科曼（1988）的一篇经典文章将分析扩展到研发生产阶段。他们假定相同规模和技能水平的企业在古诺市场上竞争，在第一阶段确定各自的研发支出，在第二阶段确定既定研发投入下的产出水平，以及对称性知识溢出。本书根据企业是否分两个阶段进行合作，讨论了三种情况：①企业在研发和生产阶段相互竞争；②生产阶段的竞争与研发阶段的合作；③研发和生产阶段合作。分析表明，企业与合作投资的合作选择高度依赖于知识溢出的程度。当外部性程度较低时，合作研究引起的研发投入总量将低于独立研究的总和。当外部性达到一定水平时，两者往往是平等的；当知识溢出比例进一步增加时，合作研发投入总和将超过个别研究总和。从这三种情况的比较来看，当外部性较为明显时，第二种是企业采取的，即研发阶段的合作和生产阶段的竞争不仅可以增加研发总投入，也使社会产出水平最接近最优水平。如果企业采取第三种形式，不仅要在第一阶段进行合作，还要在第二阶段进行合作，这将进一步激发企业对研发投入的积极性，使研发投入总量更加接近社会最优水平。但是，产出的协调将导致产出水平在第一种情况下迅速下降。如果外部性很小，那么企业最好在两个阶段进行竞争，在研发支出和产出两个方面都要超过其他两种情况。

阿斯帕拉蒙和雅科曼（1988）的两阶段模型为企业协作分析研究提供了一个可扩展的平台，并促进了大量后续研究的出现。De Bondt 和 Veugelers（1991）研究了市场扩大的研发和差异化产品下的技术外部性问题。研发投入往往可以提高产品质量，吸引更多的潜在客户，从而扩大产品的市场效应。这种市场扩张不仅有利于研发公司，也有利于其他业务。他们发现，随着研发投入的扩大、市场规模的扩大，即使面临更大的研究知识外部性，企业也可能坚持自主研发而不是合作。同时，如果企业不均一，允许企业生产差异化产品，那么随着产品差异化程度的提高，合作研发投入需要超过外部性较高水平的自主研发总和。总的来说，随着市场规模的扩大和企业产品差异化程度的提高，研发合作知识溢出的关键点将向外转移，研发合作趋势将会减弱。

Theotoky（1995）在研发联盟企业信息完全共享的假设下，考察了一些企业研发合作的均衡问题。他假设企业研究联盟（RJV）由部分或全部企业组成，企业可以选择加入或不加入联盟，但不能组织另一个新的联盟；企业在生产阶段总是竞争生产；一旦财团完成知识共享后就可以实现（相当于 1 的溢出比例）。他重点分析三个问题：研发联合企业建立联合企业以外的影响，联合企业的研发成本是否低于联盟，研究联盟最好的规模多大，得出了一些非常有意义的结论：①在 RJV 的存在下，即使只有一些企业参与联盟，RJV 企业也往往比自主研发投入更多的研发投入，实现更多的成本降低。外部性（非 RJV 企业和 RJV 企业与非 RJV 企业之间知识溢出的比例）。② RJV 公司总是比联盟中的外围设备（非 RJV 企业）更愿意投资研发，除非非 RJV 企业也共享研发信息以及 RIV 企业，否则 RJV 企业成本实现总是低于非 RJV 企业。③ RJV 企业的研发投入（z）与非 RJV 企业的研发投入（$\bar{z}$）是相互影响的，影响方向因知识溢出比例（β）与 RJV 企业数量而异。当 $\beta<0.5$ 时，$\frac{\mathrm{d}z}{\mathrm{d}\bar{z}}<0$，$\frac{\mathrm{d}\bar{z}}{\mathrm{d}z}<0$；当 $0.5 \leq \beta < \frac{k}{k+1}$ 时，$\frac{\mathrm{d}z}{\mathrm{d}\bar{z}}>0$ 但是 $\frac{\mathrm{d}\bar{z}}{\mathrm{d}z}<0$；当 $\beta \geq \frac{k}{k+1}$ 时，$\frac{\mathrm{d}z}{\mathrm{d}\bar{z}}>0$，$\frac{\mathrm{d}\bar{z}}{\mathrm{d}z}>0$。④社会最优的 RJV 最佳规模应要求全部企业都参加 RJV，但是仅仅凭借市场力量本身不可能实现这个目标。当 RJV 规模达到 $k<n$ 的某一点时，继续增加企业数量将

会导致现有企业的市场份额下降和利润下降。企业为了实现自身利润最大化，将对外围企业加入 RJV 进行抵制，将停止扩张 RJV 规模。因此必须由合适的政策对此进行干预，以建立起覆盖产业内全部企业的研发联合体。

Ziss（1994）从社会福利变动角度，将企业不合作下的福利水平与合作研发（仅在研发阶段进行勾结）、价格联盟（在生产阶段进行勾结）以及合并（研发阶段和生产阶段均进行勾结）三种合作方式下的福利水平进行了一一比较，分析了不同合作方式改善福利的条件。D'Aspremont 和 Jacquemin（1988）在这个问题上的观点是，在技术外部性足够大的情况下，合作研发必然可以提高福利水平，即大的外部性是合作研发提高福利水平的充要条件，但仅仅是企业合并提高福利水平的必要条件。Ziss（1994）认为，D'Aspremont 和 Jacquemin（1988）在不同的需求和生产函数形式下比较合作研发和合并的福利问题，也没有单独考虑价格联盟的情况，因此结论是有瑕疵且不完善的。他在差异化产品、一般需求和生产函数、企业可以进行古诺竞争或者伯川德竞争三个统一的假设下重新分析。Ziss 认为，合作能否改善福利要综合考虑三种效应：知识溢出内部化效应（internalisation of R&D spillover）、市场势力内部化效应（internalisation of market power）以及战略效应（strategic effect），这里战略效应是指企业通过研发实现成本转移的可能性。Ziss（1994）的分析结论是，足够高的知识溢出并不是合作改善福利的充分条件，例如对于合作研发（仅在研发阶段进行勾结）来说，尽管合作可以实现外部性内部化效应的正效应，但是战略效应却是负的，总体福利不一定能够改善。然而，在外部性程度很高的情况下，通过合作确实存在改善福利的可能，其中合并方式改善福利的可能性最大，研发合作次之，价格联盟最小。

合作创新是企业集群下企业技术创新的重要形式，在存在很强技术外部性的情况下，进行合作研发可以解决知识外部性带来的搭便车问题，促进合作企业增加研发投入，保持研发投入和技术创新的动力，这是合作创新理论得出的一个重要结论。合作创新的主要文献目前仍然假设企业间存在对称性的外部性，而对不同企业知识吸收能力的差异不加区分；仅仅考虑了同一产业内的技术外部性，没有将供应商、客户对企业的外部性（即产业间知识溢出）纳入分析模型；仅仅考虑了成本节约型的技术创新，没有考虑技术创新对产品质量的影响。这意味着只能对过程创新进行研究，而没有分析产品创新下的合作问题。对这些问题的研究，是合作创新理论进一步深化的主要方向。

第三章 推动区域创新是政府职责所在

从前面关于创新的理论中可以看到，创新对于社会发展来说具有十分重要的意义。转到政府的角度，限于政府管理的不同区域，政府应该在自己的辖区内推动企业的创新，从而实现本地区社会和经济的发展。

第一节 政府职能的基本概念

给"政府职能"下一个比较准确的定义，有利于准确把握政府职能的内涵和外延。马克思主义经典著作对政府职能特别是现代政府职能没有也不可能有具体论述；近现代国内外行政管理方面理论的著述对政府职能概括性理念说得多，具体专论很少。因此，对政府职能进行全面分析具有积极的意义。

一、政府职能的内涵

政府职能，从字面理解就是政府的功能。政府有广义和狭义之分，广义的政府是指统治阶级为了保护本阶级利益而设置的，依法行使国家权力的各种国家机关，包括立法机关、国家元首、行政和司法机关。政府是国家机关的总称，是行使国家主权的工具，亦即表达和执行国家意志的、立法的、行政的、司法的组织和制度。狭义的政府是指执行和实施法律，负责组织国家事务的国家行政机关。因此，政府职能也有广义和狭义之分。

关于政府职能，国内外行政管理和公共管理理论众说纷纭，至今没有统一看法。这里介绍几种主要观点，以便一窥全豹。

郭宝平等认为，政府职能大致有三种观点：一是认为它是能力和作用的结合；二是认为它体现的是职责和功能；三是认为它表现为职责和作用。

郑传坤在《现代行政学》中认为，政府职能是指政府行政机关组织管理国家和社会公共事务过程中所具有的职责和所发挥的功能的总和。施雪华在《政府职能理论》中认为，政府职能是指政府行为的方向和基本任务。王学辉等在《行政权研究》中认为，通俗地说，政府职能是回答行政机关管理哪些社会公共事务，怎样进行组织管理的。

也有人认为，政府职能分为外部职能和内部职能。外部职能是指政府行政行为作用于市场、企业、社会组织、中介机构和公民等政府组织以外的主体的职能，如宏观调控、规范市场、行政审批、社会保障等。内部职能是指政府对自身及其部门内部事务进行组织、指挥、管理的职能，如提高行政效率、绩效考核、节约成本等。这与行政法上将行政行为区分为外部行政行为和内部行政行为相类似。

综合以上各种观点，可以看出，政府职能应当包括几个要素：公共行政组织（主体），管理国家和社会公共事务（客体），职责、功能、作用及其实施的组织管理（内容），还有公共行政组织的性质及其理念、职能的确定方式和依据等方面。

二、政府职能的特点

关于政府职能的特点或属性，在这里是从社会这个角度来比较的，也就是以社会组织系统作为参照，以政府与其他机关、社会团体、企业、事业单位、自治组织、宗教团体以及家庭、个体工商户等组织相比较，将政府作为其中一个组织对其职能特性进行分析。没有从政治这个角度或层面进行比较，因为政府都处在具体的政治制度之下，其性质和职能与国家性质和职能不能分离。马克思主义认为国家具有政治统治和社会管理两种职能，在一个国家里政府职能是主要体现，政治统治职能经常寓于社会管理职能之中，不是每时每刻都突显出来的，政府职能经常表现于外的是其社会性。政府的职能不应当是或者说不应当主要是政治统治职能，而是社会管理职能，这应当是一种常态，是政府的角色决定的。只有在非常时期如发生战争等情况下，政府才突显其政治职能。随着经济社会的现代化、全球化，政治凸显民主、民利的宗旨，政府职能主要表现出社会性。政府职能有以下特点：

（一）政府职能具有公共性

政府的产生，有许多观点，主要观点认为政府的产生源于社会需要或社会契约。但不论是哪种观点，都以比其他任何组织更广泛的社会公共性来肯定政府产生的基础，更广泛的社会性体现了它的公共性。"按照宪政理论的逻辑，公共需求和公共利益的存在是政府存在的根本前提"，公共需求的满足和公共利益的谋取，也是政府存在的根本前提。政府职能的公共性决定了政府主体的公共性，政府应当"对所有社会阶层和成员提供普遍的、无差别的、公平公正的服务"。

（二）政府职能具有执行性

政治是国家意志的确立和表达，行政则是国家意志的执行，这是行政学的创始者威尔逊等人的结论。现代国家普遍实行议会、共和制，政府相对于立法机关处于实施执行的地位。我国政府机关由权力机关产生，对权力机关负责，受权力机关监督，处于实施人民意志、依法行政、执行决议的地位。政府行政管理，也有行政决策，但那是执行性决策，是以实现国家意志为宗旨的具体决策。

(三) 政府职能具有法定性

从政府的公共性需要、执行性角色可以看出，对政府职能既要充分赋予职权，使其为实现公共需求和利益拥有必要的工具和手段。同时，因其职能的广泛性和职权的利益（对政府和对民众两方面）性，十分有必要对其职能的量、行使方式、保障、程序、结果、绩效、救济等方面进行规范和限制，以限"烈马脱缰"。世界各国及其历史证明，法律是最好的规范和限制方式，是最有效和普遍的方式。政府职能的法定性主要体现于宪法，还有政府组织法、行政法律规范等。宪法对政府权责职能所做的原则性界定，既可以使政府有法可循，避免用权无度和行为任意，同时也为社会公众监督政府职能的行使提供了基本依据。

(四) 政府职能具有强制性

政府职能不同于其他社会主体的职能，其他社会主体的职能，为了公共利益需要均可以加以限制或剥夺，职能和利益的实现主要靠社会主体自身努力争取来实现。政府这个工具就是社会全体成员的选择，是全体成员利益的共同需要，全体成员需要它采用各种手段为全体成员提供利益和服务。因此，需要赋予政府相应的职能和手段，如收税、行政强制等，使其拥有履行职能的条件；同时，还要把国家作为政府履行职能的后盾，赋予其积极行使职权、履行职责的国家强制性，如法律规定行政行为一经做出即具有法律效力，非有法定理由并经法定程序不得停止执行等，以保证其职能的实现；否则，政府就无法行使自己的社会管理和服务职能，就不能实现公众的需求和利益，全体成员的选择就失去了意义。政府职能的强制性是明显的，也是必要的。这种强制性也有界限，那就是不得以公共权力损害或侵害公共利益，也就是当公共利益与公共权力相遇的时候，公共利益优先，公共权力只能在"权为民所用"的范围内行使。

(五) 政府职能具有扩张性

"扩张性决定于政府职能的本质。"因为政府职能也是一种资源，这种资源具有社会公共性、政治性、经济性等特性，而且，这种资源具有决定社会利益分配的公共性，是公众可以使用又不用比别人多付成本的一种稀缺资源，公众需求的不断扩张和提高是造成政府职能扩张的原因之一。政府职能是国家政治的延伸，也是国家职能的延伸，在社会不断发展、公共需求不断扩大的交替升级循环过程中，要求政府既要协调处理好竞争日趋激烈和社会错综复杂的当前矛盾，又要规划安排好未来的综合协调和可持续发展，经济社会发展造成政府职能扩张，这是原因之二。还有，不可否认政府也是由具体的人组成的，由于"经济人"的理性，"无论是集体还是个体，都有自然的内在冲动来扩张其作为稀缺资源的管理职能，并有可能将这种稀缺资源和社会其他资源之间的潜在物质或精神价值进行交换，以最终获得个人需求的满足"的趋势，这是各级政府利益之争、部门利益之争带来职能扩张的又一原因。政府职能扩张，既有好的一面，也有坏的一面。好的一面就是职能的扩张使政府"背"上了更多职能责任、服务责任；坏的一面就是可能侵夺其他主体的职能和权利，特别是侵害公共利益，这是需要控制和约束的方面。

（六）政府职能具有动态性

对于机械，人们可以设计，随人们的意愿加以配套和固定，而对于政府职能，世界各国的理论家、"设计师"，长期以来苦苦寻求一种样板或者模式，但是，至今谁也没有寻到这种"模板"，只能说出理念、原则，说不出普遍适用的政府职能范式。倒是在不断地寻求中发现：政府职能没有固定的范式就是一种范式。政府职能在某一国度里的具体适应性和在各国政府整体上的变化、动态性是一种规律。所以，由于宪政体制不同、文化传统不同、经济形态和发展程度不同、文明程度不同、政府能力不同、政府职能观念不同，而政府职能也不同；还由于同一国家在不同发展阶段，职能重点不同，职能多少、大小不同，政府职能不同；再有由于一个国家特别是大国由于地区发展的不平衡和不同地区的发展特点不同，政府职能不同。政府职能表现出差别，表现出经常、普遍的动态性。这种动态性的终极目标就是政府职能要适应国家、地区、事项的具体需要。

也有人认为，政府职能的特点包括五个方面：一是普遍性。政府是普遍存在的，无处不在，无处不有，谁也离不开政府，没有政府，社会组织、市场和公民不可能自发地形成秩序。二是强制性。政府掌握和行使行政权力，国家赋予其一定的强制性，是其他任何组织不具备的特点。三是系统性。政府是一个管理系统、职能目标系统，具有十分完整的层次性、结构性、相关性特点。四是不可替代性。政府职能只能由政府行使才有效，任何其他组织不能代替。五是服务性。政府职能的特点之一就是服务性，服务是政府的义务，公众要求政府服务是公众的消费权。

三、政府职能的地位

关于政府职能的地位，这里从国家、社会、政府改革三个方面来分析。

第一，政府职能在国家中的地位。这里从两个方面说明：一是政府职能的从属性。很明显，政府是国家的政府，政府职能是由国家决定的。国家国体相同与否，并不必然导致政体相同，国家可以选择不同的政权组织形式。但无论国家选择了哪一种政体，都是国家意志的体现、安排，包括政府职能的性质、地位、内容、方式及其调整变化等方面，都必须体现国家意志。因此说，政府职能相对于国家职能来说，具有从属性。二是相对独立性。我们从政府职能的公共性特点可以看出，政府职能与国家等其他社会组织的职能具有相对独立性。一方面，政府职能与其他机关、企事业单位、社会团体等的职能应当具有独立性，政府是社会的一个独立的主体，且是很重要的主体，有独立的职能和独立的价值存在，政府具有代替性；另一方面，政府一旦被国家选定一定形式组织起来以后，就按照国家权力机关赋予的职权、职能和程序规范独立行使职权，履行职能，不需要事事请示、汇报，在对国家负责的前提下，还要对政府职能负责，对社会公共事务负责，对社会负责，这是职能内容的独立性。同时，政府职能履行与实现离不开国家和其他机关、企事业单位、社会团体职能的履行和实现，它们之间互为资源，相得益彰，共同实现社会需要，表现出相对的独立性。

第二，政府职能在社会中的地位。政府是社会的产物，与其他社会组织一样，也是一个社会组织主体，存在和活动于社会之中，其职能属于社会职能的组成部分，作用于社会，实现于社会。政府职能具有社会性，是社会的一部分，这是第一层意思。政府职能当然还与其他社会组织职能有显著区别，主要表现在：一是蕴涵阶级性或政治性。政府是一个国家阶级专政的工具之一，它首先是为政治服务的，其次才是为社会服务的，其职能的确定、内容、方式、变化都蕴涵着政治内容，其职能的实现都体现着维护和巩固统治阶级的利益和需要，这是不容置疑的体现。二是资源的丰富性。政府职能存在和履行所需资源的丰富性是其他任何组织无法比拟的，政府从国家那里得到了广泛的职能，国家还不断地给政府调整与充实职能，政府在履行职能过程中还依法不断扩张职能，任何社会组织职能都不如政府职能丰富、广泛。三是广泛的渗透性。政府职能几乎可以渗透到社会所有的领域和环节，广泛作用于社会机制，我们身边到处都有政府职能的影子，这既是国家的需要，也是社会的需要，更是社会现实。这方面是其他任何社会组织不能比拟的，包括政党、议会这样的机关职能领域都没有这样广泛、具体，更不用说企事业单位、社会团体，这是政府职能的公共性派生的现象和结果。四是职能的强制因素。政府职能一开始就赋予了强制性执行内容。首先，政府职能是职权与职责的统一，或权利与义务的统一，像人的手心和手背不能分离，职能就是义务，必须履行，不能放弃，否则就是失职，而且必须正确履行，适当履行，全面履行，否则就是渎职。其次，政府的行政决定行政相对人应当服从和执行，如不发给驾驶执照、对环境污染的处罚等，即使政府有错误，相对人可以申辩、救济，但行政行为不停止执行，政府还可以使用行政强制手段如给予行政拘留、罚款、吊销证件等处罚，强制执行行政决定。这也是其他任何社会组织所不具备的手段。最后，政府职能与其他社会组织主体职能具有相辅相成的社会内在机理。政府职能虽然具有明显的政治性、广泛性、强制性，但并不因为有这些特殊性而排斥社会其他主体承担和履行其相应的职能。相反，政府职能的履行和实现，既包括其他社会主体职能履行和实现的支持，作为基础和前提，又包括对其他社会主体职能履行和实现的支持和配合。两者相辅相成，共同进步和发展，才能实现社会资源的最有效配置、利用，才能人尽其才，物尽其用，使各种资源的功效充分发挥。如果片面强调、强化某一方面或某几方面的作用，社会功能的畸形必然带来社会发展结果的畸形。我们看到和听到的这类事例不胜枚举，就像在一亩水稻田里施肥，只有使每一株颗粒饱满，才能丰收。如果只把肥料施给一株水稻，即使这株水稻长得最好、颗粒最多，也不可能丰收。

第三，政府职能在政府改革中的地位。恩格斯早就讲过，经济基础的变化或早或晚会带来上层建筑的变化，政府职能将随之变化。二十多年来，我们进行了一系列的改革，现在，政治体制改革被提上议事日程，政治文明也与物质、精神文明一起提上重要位置。那么，政府职能在一系列改革中是什么地位呢？这里从几个方面来分析：首先，政府职能属于政府行政这个大的范畴，是政府行政的一部分，其存在和改革整体上要与政府行政改革协同进行，对政府职能改革属于行政改革的性质。其次，目前所进行的行政体制改革只是政府改革的一部分，政府改革不仅限于行政体制改革，还应包括政府的职能改革、机构改革、行政程序改革、人事制度改革、绩效评估制度改革等。政府与外部方面的改革还包括政府与执政党、权力机关、企事业单位、市场、社会组织、自治组织等的改革。政府职能改革是政府改革的一部分。两次，政府职能在政府改革中的地位很重要。这要从政府存在的逻辑性来分析，政府之所以产生，是社会的需要，根本的是人们理智的选择。这种选择，自然是基于人们的利益需要，因为政府的功能对人们"有用"，它的作用正是为人们提供所需的各种利益，所以人们选择了政府而不是其他。这里的"有用"就是政府的功能和作用，也就是政府的职能。就像人们选择结婚一样，因为结婚可以使人类得以延续，可以互相照顾生活，可以满足人自然的性要求，可以生儿育女，享受天伦之乐。所以政府职能是政府产生和存在的逻辑起点，政府的机构、人员、程序及其行政方式、救济等都是政府职能的衍生物，都是因政府"有用"，人们赋予它职能并给予它限制。正如金太军所说：政府的规模、结构、组织形态和管理方式，是由政府的职能决定的。政府职能反映了政府活动的基本方向、根本任务和主要作用。所以，政府职能在政府改革中处于"龙头"地位、决定性地位，牵一发而动全身。不在政府职能上改革而在其他方面改革，是舍本逐末。最后，政府职能的改革需要政府其他方面改革的配合和支持。从上面的分析可以看出，政府职能改革在政府改革中处于"龙头"、根本地位，但只有政府职能改革而没有政府其他方面的改革相配套、相协调，政府职能无法实现，头动未必尾动，源清未必流洁。政府行政改革只有把政府职能科学定位在政府的行政系统中，用制度和机制保证政府职能的实现，才能保证政府职能社会价值的实现。

四、政府职能的主要内容

政府职能的主要内容，必须建立在政府的价值之上，价值定位后才是功能定位，功能定位后才是方法定位。所以，在此首先分析政府的价值。政府的价值反映在两个方面：一是相对于国家的合理性。这是从政府与其所属国家的关系方面考察的。国家为了实现统治需要而设置政府，政府是国家意志的执行者，所以政府具有政治统治职能，这一点不容置疑，也就是实现统治阶级意志，维护统治阶级利益，最终确保统治阶级统治的职能。这就是相对于国家政府存在的合理性。二是相对于公民的合法性。这是从政府与公民的政治关系方面考察的。政府的产生是人民的选择，政府的权力是人民的让渡，政府的角色是人民公共事务的代理人。古人早已告诫我们："水能载舟，亦可覆舟。"人民的认同、拥护是政府存在和行政唯一的合法性基础，舍此无他。中国与其他国家一样，政府是历史的产物，已经发生了多次变更，政府的价值体现在政府职能之中，在不同时期表现出不同的价值内涵。今天的中国，统治阶级和人民、国家意志和人民意志是统一的，政府在人民拥护的合法性和实现政治统治的合理性两方面也是统一的，提供公共利益、为人民群众谋取福利仍然是政府的价值定位。我们了解了这些理论观点，就更容易理解政府职能，更容易理解政府职能在不同时期的变化，更容易把握新时期政府职能定位的价值取向。

政府在长期实践和发展中，形成了多元化、多层次的政府职能，这里主要介绍我国行政管理学领域关于政府职能的几种观点。有关国外政府职能的情况，因不同文化、不同发展阶段的国家政府职能差别很大，又由于20世纪以来世界各国行政改革的浪潮，政府职能处在变化和优化之中。在WTO背景下政府职能主要表现在政治职能、经济职能和社会管理职能等几个方面。

（一）政治职能

政府的政治职能是指政府在国家治理和社会管理中所起到的政治作用，主要包括以下基本方面：

第一，统治职能。这是政府的基本职能。政府产生于阶级社会之中，其首要目标就是维护阶级统治。对于当代社会的政党来说更是如此。政府的统治需要有合法性基础。在当今社会，合法性来源于公民和政府之间的契约关系。政党代替政府执行这一契约。

第二，保卫国家主权。保卫国家主权也是政府和公民契约的一部分。政府有义务保卫境内人民的安全，保卫他们的权益不受侵犯。

第三，民主职能。政府的民主职能是指政府应保障每一个公民都能享受到一样的民主权利，任何一个组织都不能剥夺。因此，政府应建立稳定的政治秩序，健全公民行使自己权利的制度体系，完善公民实现民主权利的渠道。

（二）经济职能

政府的经济职能应当是指政府制定经济政策与制度，规范和监督市场和经济主体行为，巩固经济基础的职能。

1. 制定经济制度职能

目前在我国完善社会主义市场经济体制过程中，这项职能尤为重要，包括四个方面：第一是经济自由。市场经济的第一个前提就是经济人的自由，政府不能限制消费者的身份，如设立高级官员特供商店、专为城市居民发票证等；不能限制消费者的偏好，不能限制任何生产者的偏好，除非该偏好公认为不良偏好；不应该干预经济人的交易自由和定价自由，除非这些自由本身具有强制和不正当性。第二是个人权利。主要是充分保障个人的财产权利，私有产权是市场经济的前提，要用制度保护个人财产权利，否则，将影响和限制经济繁荣和发展。第三是政治条件。包括和平的政治环境，能够安全生产和生活；政府适宜的维护，避免万能性的干预和放任性的失灵。第四是法律条件。市场经济是一种自然扩张的经济，为了避免其走向反面，就需要法律规制的秩序，使其扩张处于规则秩序之中，经济能力充分发挥，社会危害充分避免，交易预期透明，交易成本最低。

2. 经济资源配置职能

该职能是指政府制定、实施和调整政策，开展收支活动，实现对社会人力、物力、财力等社会资源的调剂分配，及其结构、流向的调整和选择。这里包括三个方面：第一是配置公益物品。公益物品不仅是市场主体的需要，更是公共利益的需要，如交通设施、城乡供排水设施、公共安全和民事调解组织、医院等。这些公益物品，公民个人需要，市场主体也需要，但市场主体不愿意做或者无能力做，只有政府来承担。而且，政府承担公益物品配置成本低、效用长、便于管理，这正是政府所长。第二是配置公有财产。公有财产属于公有，应该用于为公共利益服务。这些财产掌握在政府手中，政府可以利用公共组织这个位置，通过政策措施，将公有财产用于宏观调控、公共开支，建设公益设施、用投资拉动消费，用于社会保障、扶贫救济等，发挥公有财产最大的经济效益和社会效益。第三是减少市场条件下产品生产和使用的负效性。在市场经济条件下，产品的生产和使用主要基于产品生产和使用者的利益，这种个体利益的理性会造成集体的非理性，产生负面结果，如一个房屋开发公司建造房屋结构合理、外观和谐美丽、绿化亮化质量高，行人路过不须付费就像走进公园一样感到心旷神怡，路过的人也能得到好处，这就是产品生产和使用的正效性（正外部性）。但是，在房屋建设过程中，长期有噪音、扬尘，会扰民，使周围人们寝食不安，这就是负效性（负外部性）。对于这种负效性的防止和治理，因为难度大、成本高，开发公司作为"经济人"，大多数情况下不会考虑，要靠政府采取措施。

3. 经济分配职能

因为市场的初始分配，无法使收入、财富和福利符合社会公正的目的，往往造成社会的贫富差距，由此引起部分人生活无着落，社会不稳定，消费拉动乏力、畸形，制约经济发展。慈善机构不能使社会福利规模扩大，且救济范围有限，而政府有能力也有责任承担二次分配的责任，可以用税收、财政转移支付、扶贫、救济等方式进分配调节。

4. 经济调节职能

经济调节职能就是政府通过法律、政策或机构功能引导和调节生产者和消费者的决定，以减少垄断和负效性。因为，生产者趋利性决定了自己不会放弃垄断，单个消费者获得与产品安全和设计相关的信息的成本很高。政府可以建立直接或间接的信息提供机构，以及调节和管理制度，减少或避免垄断，为消费者服务。

(三) 社会管理职能

社会管理需要社会各类主体履行职能共同管理，而政府是社会管理的一个主体，政府的社会管理职能又是政府职能的一部分，也就是除了经济和文化职能之外的职能。这个职能包括：

1. 维护社会公共秩序，保证人身财产安全

为了向社会提供公共安全秩序，保证正常的工作、生活秩序，经济正常健康发展，也为了体现政府的能力，政府必须为公民提供人身安全和私人财产安全，维护社会秩序，这是政府最古老、最基本和最起码的职能和责任。

2. 保证社会公平分配的职能

在市场经济条件下，一些具有稀有性价值技能的人，利用专长在市场中可以得到较高的收入，"看不见的手"能把人们的钱包掏空。只有政府才能进行公平分配，弥补市场欠缺。政府通过收入再分配，利用税收、福利政策，建立社会保障制度，调节分配，保证社会公平，维护社会稳定。

3. 保护环境的职能

企业、居民在生活、社会各方面都有可能造成环境污染，如大气、水、沙漠、噪音污染等；可能造成资源短缺，如可耕地减少、草场沙漠化、水源枯竭等。保护环境关系国民健康，关系可持续发展。政府通过制定政策，实施法律，规范市场行为，采取措施治理环境污染，也可以引入市场机制进行环境保护。

4. 社会保障职能

居民稳定的生活、社会稳定的秩序，都需要政府履行社会保障职能，建立健全的社会保障制度，如社会保险、社会福利、福利机构、生活补助、失业补助和物价补贴等制度。

中国经济体制改革研究会会长高尚全认为，政府要全面履行经济调节、市场监管、社会管理和公共服务的职能。政府职能的本质是服务。政府职能归纳起来有三句话：第一，政府是公共产品的主要提供者；第二，政府是环境的主要创造者，企业和老百姓创造财富，政府创造环境；第三，政府是人民权利的维护者。

五、政府职能的变化性

古今中外，无数行政管理理论家和政府工作的实践者，均想探讨一套政府职能体系，向所有政府提供一个职能模式；或从行政实践中找到一个行之有效的政府职能模式，按照模式去行动。但是，几百年来谁也没有实现这样的目的，就像抛物线与它的渐近线的关系一样，抛物线的延长会逐渐接近渐近线，却永远不会与渐近线重合。对政府职能只能说出"应然性"，不能讲清"实然性"；只能理出明晰的理念、原则，不能说出具体是什么；某个具体国家政府职能的实践取得了很好的成效，但把该国政府职能移植他国就未必奏效，甚至适得其反。

这里讨论政府职能的变化性，就是指政府职能在不同的行政环境下不同的内容或者具有不同的侧重点，表现出政府职能的历史变化和随机变化。历史变化是指不同的政治制度中政府职能不同，如在奴隶社会、封建社会、资本主义社会、社会主义社会中政府职能是不同的；随机变化是指在日常具体行政事务中政府领导和工作人员要针对具体行政事务履行相适应的职能，具体事务具体处理，以实现最佳的行

政效益（帕累托最优）。实质上，政府职能的变化性就是政府在职能上的现实适应性。从历史和现实考察，这种变化具有必然性，这种必然性由于具体的政府及其具体事务的偶然性，根源于社会经济发展变化及其对政府履行职能适应性的要求。

第二节 政府、市场与社会

政府的职能要求政府必须妥善安排自身的活动，实现社会管理。而政府对社会的管理一般情况下采取两种方式，即经济的和政治的。从经济的手段出发，政府必须要作用于社会的交易活动，也就是对市场进行管理。从政治的手段来说，政府必须要构建妥善的社会制度实现政府的政治和社会管理职能。

一、政府与市场的关系

（一）政府与市场关系的理论探讨

20世纪90年代以来，我国选择了社会主义市场经济道路，也就是"发挥市场的基础性资源配置作用"。由于经济体制的变化带来了包括政府职能和行政方法在内的一系列变化。因此，社会上出现过"政府让位""市场替代"，甚至要求政府只做"守夜人"的观点，似乎政府成了"万恶之源"。到底应该政府大，还是市场大呢？这当然也给政府、社会、公民等造成了一定的茫然。这种茫然是转型期的必然现象，但作为一个现代国家，应当在尽量短的时间内看清这种茫然及混乱，正确定位政府与市场及其关系。

从历史、经济、社会、法律、管理等理论和实践来看，我们可以得出这样的结论：人类社会，先有公民，单个公民的集合及他们的交往即社会，社会不是单个人的堆积或简单相加，它是人们的联系和关系，是人们相互交往的产物；社会形成以后，人类为了防止共同的灾难，并为了创造人们的幸福和自由，设立政府。政府就是基于人类公共的利益产生和存在的。

人们很快也很自然地就注意到了政府在生产关系中的责任和功能。经典作家马克思对此看得十分透彻：人们首先是在生产、分配、交换、消费中发生经济交往，因此，人们之间的最基本的、决定其他一切的关系是生产关系。生产关系是社会的基础和本质。这里不得不追溯一下生产关系的起源，以探索政府与市场的本源关系。人类起始，就有满足生存需要的生产活动，在刚刚脱离蒙昧时代，也就是奴隶社会时期，有了多余产品后就有了占有及交换，有交换就要有交换场所，就有了市场。因此市场是产品交换的产物，并不是政府按照意志创造或设置的，结论是：市场和政府都是生产发展基础上适应生产关系需要的产物。

因为生产关系就是人类社会的基础和本质，所以政府当然应在这个方面付出较大精力，发挥重要作用。但是，自从政府诞生之日起，一刻也没有停止过关于政府管辖范围及其管理方式的争论。在自然经济条件下，经济发展的水平低下，生产关系水平不高，因此产生了亚当·斯密的政府充当"守夜人"角色理论，给生产和市场的发展提供了自由的广阔空间，但1929—1933年的经济大危机击垮了这一"小政府"理论，各资本主义国家醒悟：政府对生产及其关系要进行干预，否则，自由放任的经济会造成毁灭性的经济危机。由此，凯恩斯主义应运而生，倡导国家干预，即政府要干预经济。国家干预的方式如下：一是计划手段，也就是把经济发展纳入国家计划，通过实施经济计划发展商品生产和控制经济危机；二是调控手段，适时抑扬商品生产和市场，驾驭市场使其健康发展。但是，80多年来，关于"计划"应包括的范围、部门，计划的方法和手段，以及"计划"的力度和弹性把握等问题，至今在世界上并无统一结论，也就是计划与市场两者结合怎样实现有机性，没有形成大家都能认同的理论。但有一个总的趋势：一方面，资本主义国家在经济大危机之后，政府开始在放任自由经济中加入计划的手段；另一方面，一贯实行计划经济的国家政府，开始引入和使用市场经济手段。两者都是以市场为基础加之适当的计划，使两者共同作用于市场经济，既尊重和发挥市场的作用，又发挥必要的计划作用，"看不见"和"看得见"两只手共同发挥作用，进而探讨两只手如何配合、有机地发挥作用的问题。这就是目前世界各国在管理经济即调节生产关系上指导思想或理论的现状，这是世界人民的课题，也是不能回避的课题。这就是政府与市场的本源关系和现状。

（二）政府与市场功能的独立性

政府与市场都是社会的一部分，都统一于社会之中。几千年的历史证明，政府是人们设立的，市场是生产发展以后人们选择的经济形式。这两者对于人类社会都非常重要，在一定的历史发展时期都是不可或缺的。之所以如此，是因为政府和市场各自具有特定的功能，在功能上各自相对独立，不可代替。

功能是"事物的功用和效能"，功用是"事物所能发挥的作用"，效能指"功效、作用"。政府的功能，一般就是指政府的行政职能，是指"以国家行政机关为主的公共组织在国家公共事务管理中依法承担的任务和所起的作用"。政府的职能，在我国现阶段，就是我们常说的经济调节、市场监管、社会管理、公共服务四个方面职能。

关于市场功能，市场是商品交换的总体，是商品交换关系的总和，市场功能是指在市场营销活动中，由于市场处在商品交换的中心地位而产生的客观功能。比较一致的认识是：①市场具有商品交换的功能，由物物交换发展到专业的商业设施的出现；②实现价值的功能，商品生产者交换的直接目的和要求是换回自己所需要的物品，借着货币"一跳"而换回了相当于商品价值的货币及商品价值增值的货币；③配置资源的功能，由于市场发展为市场体系，市场的功能也从主要是交换而发展为资源配置。也有人认为，市场还具有运输与储存及资金融通、风险分担、提供信息等服务功能。

从以上政府和市场的功能来看，在产生依据、功能领域、功能作用方式、功能实现的支持（政府靠整个国家机器，市场靠市场规律）等方面都能证明，两者在社会中各自具有独立的功能，且不可替代。政府的职能具有公共性、法定性、执行性、强制性、动态性和扩张性的特征，而市场的功能不具有这些特征。市场的功能具有利益主体多元化、追求利润最大化、经济生活社会化等特征，在微观上市场具有微观经济自主化、经济行为平等化、市场竞争激烈化、经济交流开放化等特征。同样，政府的职能不具有也不可能具有市场的这些特征。中国与世界市场经济国家一样，没有市场经济，就没有效率，就没有财富的迅速增长，也就没有财力通过国家向穷人转移，从而没有社会主义。只有完善市场经济，才能更加完善社会主义。

（三）政府干预市场的原因分析

1. 市场的外部性

市场具有"价格灵活、决策分散、竞争自由"的优点，在完全竞争的条件下能够自动实现资源配置的合理化，能够给予每个市场主体自由选择的机会。正是由于这些优越性，市场经济一直成为最富有活力的社会经济运行机制和资源配置方式，因此，人们普遍认为市场机制是目前任何一种机制都无法代替的主导力量。但市场也有很大的缺陷，表现在：①个人自由和个人利益的价值取向与社会利益、公共利益会产生矛盾；②市场不会也无能力顾及社会公平和解决贫富两极分化问题，会影响社会稳定；③市场的自由竞争和利润至上会产生损害社会公众利益的行为；④市场不会也不能顾及社会公共需求和公共服务；⑤利润诱导会带来独占、垄断和过度竞争，又限制和损害整体资源配置；⑥市场信息的不完备性和非相关性影响完全竞争市场的形成；⑦一般性竞争的均衡不适用于规模效率迅速增长的经济活动等。在"泔水"市场中，拉动市场的力量是使用"泔水"养猪的需求，他们从自身利润最大化出发，以最小的成本收集和使用"泔水"，至于又肥又嫩的猪肉可能导致广大消费者中毒，养猪者是不会考虑和解决的。这正是"泔水"市场的外部不经济行为。也有的学者从市场的不均衡方面指出：市场会造成社会难以承受的总量不平衡现象，如通货膨胀和通货紧缩、失业、有效需求不足或产品过剩、贸易赤字及结构矛盾等；市场会造成经济发展过程中的经济不景气的周期性波动；企业的盈利行为倾向于短期化，产业成长和发育不均衡；由于历史、竞争条件和能力的差别，收入分配不平等和差别市场无能为力；市场主体以自身利益最大化为基本行为方式，容易导致外部的不经济等。美国经济学家萨缪尔森说："市场不是万能的上帝，它既没有心脏，也没有大脑；既没有理智，也没有良心。"

所谓外部不经济，是指一种经济行为对其本身和外部产生的负效益。如企业的污染、交通的噪音和装修的扰民等。市场的功能及其无法替代性，是人类的共识。但同样，市场的缺陷及其自身的无能为力，就像 20 世纪 30 年代的经济危机一样，也能毁灭经济，给人类带来灾难，这也被人类认识。因此，就像沐浴过的孩子必须珍重，沐浴孩子的污水必须倒掉一样，市场的"负效益"必须克服和解决，也就是

"扬弃"，才能发挥市场健康地促进经济发展的作用。

2. 政府出于维护公共利益的目的干预市场

国家是一个复合体，融阶级性、社会性和经济性等因素于一体，发展经济和协调适应生产关系必然是政府的职责。正因为如此，现代经济生活中，任何市场经济国家都把市场缺陷与不足作为确立政府经济职能的基本前提。市场主体主要是利己，而不以利人为目的，市场经济在发挥迄今为止最有效的配置社会资源的功能的前提下，还提供了一种有效解决利己与利人这对人类社会深层矛盾的经济机制。

我们注意到，现代任何市场经济国家，没有一个政府不管不问市场的，也没有一个市场不受政府调控的。"政府与市场共同存在于现代社会中，两者已形成不可分离的共生关系。""离开了市场，现代社会将难以持续健康地发展；离开了政府，市场正常运作的制度前提也将无法保障。"同时，凡经济和行政管理理论著作和政府管理实践者，在谈到政府对于市场的调控管理时，都用了相同的两个字——干预。如"市场缺陷——政府干预的前提""政府干预——防止和纠正市场失灵""无论是实现短期总量平衡和长期稳定增长，还是实现结构优化、公平分配，或是解决经济外部化问题，保证市场有序运行，都不能靠以'看不见的手'为主要调节手段的市场，而要充分借助政府宏观调控的力量，发挥政府干预的作用。"大家都使用了"干预"二字，这起码有四层意思：一是都认同政府、市场是各自具有独立功能的因素。二是因为市场需要"干预"，而且干预市场的力量都认为应当是政府，那么政府"干预"市场的理由从社会方面讲，一方面是保证市场的健康运行，另一方面是为了维护社会公共利益和公平正义。从市场方面看，市场需要良好的内部和外部运行环境。从政府方面看，因为政府和市场之间无隶属关系，都属于社会，政府干预市场或国家需要政府去干预市场的唯一的正当理由就是为了公共利益和公平正义。三是两者不能互相代替，尤其是指政府不能包揽市场的功能，或者直接办并管市场和企业，当然市场也不能代替政府。四是政府如果始终站在公共利益的基点上，"干预"不是参与，"干预"不是包办，"干预"应有限度，"如行云流水，当行于当行，止于当止"，公共利益就是政府职能界定应当考虑的主要原则。在"泔水"市场中，市场的功能是"泔水"的产、供、加工和销售及相关机制作用，政府则是解决该市场中危害公共安全、健康、利益的"泔水"无害化处理和管理等问题。

人们因角度不同，往往会认为政府总是正确的，或认为市场是最好的，这都有失偏颇。在上面分析了市场缺陷以后，必须讨论一下政府特别是政府遇到市场或干预市场时有没有缺陷呢？回答是肯定的，政府也有缺陷，也会失灵。如垄断性是政府不可克服的弱点，导致政府低效率、机构膨胀和寻租行为；政府维护社会公平的职能因为从来就不存在绝对的公平而损及效率；政府对社会经济的管理经常缺乏明确的利益主体、责任主体而导致效率低下，增加社会成本；政府由具体的管理者组成，作为自然人的政府官员并不因为承担公共责任就自然具有比平常人更高的道德觉悟，他们也会犯错误；政府作为特殊的政治主体和经济主体，也有"部门利益"

问题；政府效率无法确切评估，导致官员的惰性、短视和缺乏创新；政府面对社会成员千差万别的需求偏好和市场方方面面的资源及信息，即使"全知"，其干预往往难以实现良好动机和效果的吻合等。这说明，政府的干预也不是万能的工具或灵药。

政府的干预并非万应灵药，市场缺陷并非政府完全可救，政府所能或所长，亦非全部是市场所求、所需。原因是两者的功能价值取向不同，政府取向是公共利益和公平正义，市场主体取向是利润最大化。当市场主体追逐利润出现负面现象时，只有涉及公共利益的那部分现象是属于政府运用公共工具解决的问题。但是正像前面所述，政府在使用公共工具时，并非很娴熟或得心应手，往往用得不那么好。因此一些时候出现市场缺陷等待政府"救市"，但政府也"失灵"。这种不对应的需求与供给的错层性矛盾可能永远存在。只是因为其他社会主体都不如政府更适合承担干预市场的责任而只能把此任务交给政府，也因为只有政府干预的地位和价值取向更符合人类社会对市场干预的初衷和目的，虽然政府还带着"弱点"。现在的问题是政府的哪些干预是现阶段必需，但长远是要退出的；哪些干预无论现阶段还是长远都要退出；哪些干预现阶段很弱而长远是需要加强的；哪些干预是现阶段和长远都是必需的。只有回答了这些问题，才能真正解释和处理好转轨经济中政府与市场的关系。

现在，是否需要干预、由谁干预市场的问题，已经由历史和人们明证了，"现在看来，争论的焦点不在于是市场至上还是政府至上，而是如何实现政府职能的恰当定位，从而实现政府与市场两个不同功能的有效平衡和互补"。这个观点很经典。政府干预市场，除了政府职能恰当定位以外，还需要政府正确执行和适时恰当地调整运用政府职能，因为现在已经能看到政府有明确职能而不履行或不正确履行的情况；再进一步，只有把政府的所有职能及其执行、程序等都建立在公共利益和公平正义上，并予以法治化，使政府职能包括对市场的干预都处在法治的稳定有序状态中，才能保证政府对市场的正确干预，才能保证既挽救市场"缺陷"之正效，又避免政府"失灵"之负效，才能保证政府的干预有益且有效。

(四) 政府与市场链接的纽带——法治

政府、市场，一个是公共管理行政机关，一个是经济形式和资源配置方式，它们对于人类社会都是非常重要的。在现代社会，两者都是不可或缺的。虽然它们分属于管理和经济不同领域，但政府与市场之间存在着千丝万缕的联系，这是有目共睹的。它们是依据什么价值目的、通过什么途径发生联系的呢？纵观各国经济发展历史，可以把过去政府与市场的关系归纳为三种形式：第一种是政府与市场互不相干的形式。如商品经济初期即"自由放任"经济时代，政府看着市场运作，帮助"经济人"看好钱袋子，就是"守夜"，市场自行自为，"独来独往"，不求、不靠也不理政府。其价值取向是市场具有"魔法"一样无与伦比的经济作用，对于人类特别重要，特征是政府与市场互不相干。第二种是政府全面干预市场的形式。政府的作用是对所有市场、市场主体、市场行为予以全面"管制",政府把市场看作"毒蛇""猛兽"并加以全方位管理和约束。其价值取向是利用市场的作用并避免市场自由发展带来毁灭经济的危机,特征是政府把市场作为重要的管理对象,全面干预。第三种是政府抛弃市场而由政府直接办经济的形式。因为一些实行高度计划经济的国家,认为"市场是万恶之源",商事是"五毒"之一,因此采用完全由政府配置资源、发展经济、供给商品的计划经济形式。其价值取向是政府完全有能力更好地配置资源和发展经济且避免社会不平等,特征是政府排挤和抛弃市场作用。而现在,政府与市场的联系渐趋于一种新形式,就是政府、市场在各自领域发挥对于人类社会的重要功能,呈现一定的分离形式。同时,根据市场一直以来存在"缺陷"的客观现实,要求由政府有针对性地对市场"纠偏"或"补缺"。除此之外,政府不得干预市场的正常运转和配置资源的作用,也就是政府不得损害市场的功能和经济形式,政府还要维护和支持市场发挥经济作用。其价值取向是在对立统一关系之下追求政府与市场对人类社会的积极作用,特征是政府适当干预市场,这里就称为"适当干预"形式,可以作为第四种形式或未来的联系形式。这是现在世界各国政府普遍认同并择取的一种形式,也将是今后相当长时期政府与市场之间的联系形式。

从以上分析看,我们最终选择了"适当干预"形式,这是一个正确的选择。我们提出市场经济体制下政府职能是:经济调节、市场监管、社会管理和公共服务,应当就是基于市场经济体制对行政权力的限制要求,使政府作用"有限"又"有效"。在市场体制下,政府主要利用税收、转移支付、政治动员、财政预算等手段和方式合理配置资源,消除市场配置资源的弊端。在市场经济体制下,市场机制不仅具有配置经济资源的作用,也直接影响政府按照市场经济体制要求配置权力。行政权力受到的限制主要有:一是对行政权力主体的约束。约束的内容包括精兵简政,解决府大官多,推诿扯皮、拉帮结派、政令不一、无事生非的问题;明确使命职责,避免不知职责,四面出击,鲁莽冲动,盲目乱干、滥干;形成专门人才队伍,集知识化、技能化、专业化和综合性于一身;竞争淘汰,在行政权力主体的组成上,官员和公务员要实行优胜劣汰的竞争机制,尊重自愿,去粗取精。二是对行政权力的约束。突出对市场经济、社会公共事务的服务性,转移过去职能主要在于"政治性"的取向,避免事无巨细、包管包办;主要是"掌舵"而不是"划桨",避免越位、错位、弥补不到位;约束自由裁量权,要依法、明确、具体和程序化,善意、合理,避免含糊、捉摸不定、无规则的专断。三是对行政权力行使的约束。这主要包括:①努力规制预期。市场千变万化,市场主体盲目偶然,十分需要政府对那些可预期的内容予以法律规制,帮助市场主体实现预期目的。②行使行政权要调查研究。市场复杂多变,行政权力行使要符合实际,就要多调查,给公众参与、表达、协商的机会,避免主观臆断。③程序保证权利。行政权力行使直接关乎相对人权益,应用程序保证相对人有机会陈述意见、辩护、参与听证及复议、申诉等,避免武断、信口开河。四是对行政权力后果的约束。法律责任，法律最直接的功能就是使人趋利避害，在法律责任面前苦不堪言、苦不敢为的情况下只能选择规范、负责、谨慎做事，为保证行政权力合法正当行使，必须明确行政权力主体的法律责任。④制约机制就是程序。用法律置行政权力于程序之中，设阀缓冲，道道把关，节节改善，避免手起刀落，恣意乱为。所以说，行政法就是控制行政权力的法。在市场经济体制下，政府权力受到多方面限制，政府的权力必须是有限的，政府的职能必然是有限的。

但是，实践中并不是因为我们选择了正确的道路就等于达到了目的地，特别在这个涉及人类社会发展目的，涉及政府和市场两个重要主体行为范围和方式的大事上，目的与过程和方法的区别更是显而易见的。尤其既需要政府干预市场，又要求政府干预的"适当"，实在是一个很难把握的问题。如果这个过程和方法使用不当，人们的正确选择将因操作方法不当而达不到目的，或损害人们自己，这是人们不愿看到和接受的。那么，我们必须就实现目的的方法进行认真和慎重的研究和选择。理论的起点就从这里开始：政府因公共利益需要而干预市场，市场因需要正常地发挥价值、价格、供求和竞争规律的作用，避免垄断及恶性竞争等失灵而需要政府干预。我们就以两者发挥作用的价值取向作为指导，两者面对的管理和市场现实作为事实依据，两者体制、机制和功能上及运行中的弱点作为参考，来寻找一个合适的路径和方法。在价值上，政府的管理、市场的作用和政府对市场的干预都应当有利于发挥两者的应有功能，有利于经济社会的科学持久发展，有利于社会的公平正义，有利于人类的幸福和进步。在政府和市场功能的实现上，不同的国家、不同的时期，市场的功能是具体的，政府的干预也是具体的。社会和政府应该让市场充分发挥配置资源的作用等。在此前提下，政府应该使用恰当的手段尽力"削除"市场的"负效益"。政府应当努力避免在干预市场时的"失灵"，挽救自身干预的失败。在适当的干预原则下，应当明确政府干预的范围、内容、种类、程度、程序、救济等具体内容；应当明确政府实施干预的方式、方法，及反馈纠错等内容；还应明确对政府干预的市场监督、社会监督及自我监督内容等。这些都是政府干预市场行为中很重要的因素。明显地，不能由政府自己确定自己的干预权力，那样干预权力会膨胀；不能由市场去确定政府的干预权力及干预范围、方法，那样会因被干预者——市场的自由而排斥政府的干预。应当由一个能体现代表公共利益和公平正义价值，能够充分反映政府干预权力需要，也反映市场功能需求的"第三者"来对此做出规定，从科学、稳定、规范的角度做出规定，而且做出的规定必须具有权威性、执行的强制性和确定的力量做后盾，以真正实现约束政府和规范市场的目的。能满足这些条件的除法律以外别无他物。不是靠一个组织，不是靠道德，更不是靠哪个人，只有用法律来确定，就是用法律的方法实现政府对市场干预的法治化。所以说，市场经济就是法治经济，也必须是法治经济。

（五）政府对市场监管的内容

政府因为干预而与市场联系了起来，市场也因为需要政府干预而与政府发生了联系，政府与市场的联系内容和机制等就是法制的社会关系，最终就是法治。这里包含四个意思：一是避免政府与市场功能的趋同，或都为公共，或都为利润，那就可以剔除一方的存在；二是政府对市场缺陷（仅仅是缺陷）的监管行为，必须有法律依据，且依据法律进行，这些法律是事前明示给市场的，也是市场行为的规范依据；三是政府与市场联系的"纽带"中，全部内涵是法定的市场主体的权利与义务、政府的职权和职责；四是政府对市场干预的需求与供给处于法治状态中。

如果说市场的失灵，是因为不完全的信息、不完全的竞争和不完全的市场，那政府的失灵，则是因为其"内部性"。政府不是一个抽象物，而是有着不同利益和目的的许多人的集合，"在政治市场中可能受到权力、职位及其相关物质利益的驱动，而谋求个性效用最大化"，结果偏离公共目标，不再发挥公共职能。"内部性"就是指私人的取向可能支配了公共资源或决策，"使政府机构被特殊利益集团所左右，成为特殊利益集团的代言人，而权力则成为这一集团谋求自身利益的工具"。为此出现三次"寻租"：官员们因经济主体的行贿等享受了特殊利益，"又会引发为争夺主管官员肥缺而发生的第二次的寻租竞争，各个社会利益团体为争夺财政收入分配的第三次的寻租之战"。这就是政府内部性失灵的主要原因。政府干预市场行为的法治化，也就是政府与市场科学分工结果的制度化、法定化，经济发展的主体力量在市场，企业和老百姓才是创造财富的主体，政府应该是创造环境的主体。政府的职能要转到为市场主体营造良好环境上来，通过保护市场和公平竞争，激发社会成员参与社会经济的内在动力。政府调节和监管市场的主要内容包括：①为国民营造更为稳定的经济发展环境，促进经济稳定增长，增加就业，稳定物价，保持国际收支平衡。②健全市场体系，维护市场秩序。主要是制定产权制度、市场规则，依法监督市场行为，推进与政府相关的产权、土地、劳动力、技术等市场的规范化，维护合法的市场秩序。③加强公用基础设施建设，为市场运行提供优良环境。主要是建设与国民经济发展、社会文化事业以及公民生活相关的基础设施，加强基础设施建设和加大教育、科技、文化、出版、卫生、体育、广播、电视、娱乐等投入，满足社会、市场和公众的需求。④做好市场经济运行规则执行的监督者和仲裁者。鉴定技术质量，评估市场行为，仲裁涉及权益的市场、社会、行政纠纷等。⑤健全社会保障体系，发展社会福利、救济、优抚安置和社会互助等社会保障事业。⑥保障公众安全和社会秩序。主要是保障公民宪法权益和民事合法权益的实现，妥善处理突发、应急事件，维护社会秩序，保卫国家安全。⑦搞好国民经济和社会发展规划。目的是给市场和社会提供建设和发展的引导，给政府行政提供战略计划，为经济、社会、文化主体等提供科学发展的规划指导等。

二、政府与社会的关系

(一) 政府与公民的关系——组成、参与和监督

公民为了共同的利益组成政府，所以称为人民政府。公民参与政府管理，政府应当执行和落实人民的意志，公民始终拥有自主、自治、自立、自理的公民权，有限授权于政府，公民永远享有监督包括更换政府的权利等。

政府从公民那里取得公共权力的合法基础，调和处理社会矛盾，维护公共安全。政府为公民提供公共物品、公共服务，政府利用公权保证公民平等公正的受益，政府为公民提供适宜的生活、生产、发展和进步的环境，政府主动接受人民的监督等。

(二) 政府与社会的关系——合作

社会是人们交往的产物，是生产关系的总和。政府产生于、作用于并受制于社会，是社会组织的一类，是重要的社会组织。两者的功能都有社会属性，在许多功能方面能够互相代替，政府与社会应当合作发挥作用。政府的功能具有阶级性（政治性）特点，社会的功能具有典型的社会性。

政府职能与社会功能的划分，关键看政府的权力范围和社会的功能范围的"分界线"。政府在确定分界线上有一定的主动权，甚至替代社会，但政府如果弱势，社会则呈现扩大和强化功能的趋势。

政府应视社会自身的功能作用，将社会能够自行管理的事务任其自行管理，并支持其发挥作用，促进和支持社会自治、自理、自组、自改。政府的权力限定在维护政治统治、管理社会公共事务的范围内，解决社会自身无法解决的问题和社会自治带来的危害公共利益的问题，进行社会管理和社会服务，具体包括：维护社会公正和秩序，管理文化、教育、科技事务，管理社会保障机制等。

社会没有对政府负责、受制于政府的义务，政府对社会具有适应性义务，同时有间接引导、必要支持（如财政资助、社会保障、救济、医疗等）的义务。如果政府不能适应社会需要，会抑制甚至扼杀社会功能，最终影响发展和进步，影响政府职能的实现。

(三) 政府与社会组织的关系——扶持、引导和规范

这里的社会组织指政府、企业以外的社会组织，主要是基层自治组织（村、居民委员会等）、中介组织（行业、中介服务）等。

社会组织要自立、自理，独立发挥社会某一方面的功能。政府间接监管社会组织，不直接管理社会组织，更不直接代行社会组织的功能，但给予学校、医院等公益性单位必要的财政支持。

社会组织的功能有：基层社会自治组织，对社区进行自我管理、自我教育、自我服务，办理公共事务、公益事业，调解纠纷，协助维护社会治安，联系政府与（村）居民。社会中介组织，主要靠自律管理，沟通社会与政府，起部分协调、服务和监督作用。

政府与社会组织都具有社会公共职能，是合作关系。社会组织有能力接替政府转移的一部分社会服务职能，能承担一定的社会监督作用。政府应充分发挥社会组织的功能，并给予一定的政策和财力支持。政府有责任对社会组织的设立、运行、竞争和退出进行法律规范。

三、提高政府在新体制下的行政能力

（一）不同的"政府"观

目前，有几种模糊的思想观念影响政府职能的正确定位，必须予以纠正。关于"小政府"：一是过去的"大政府"不好，要塑造"小政府"的极端思维观念。这种观点出于对过去"全能""全管"政府的批判，对其排挤其他社会主体功能"越位"的否定等，矫枉过正，进而推崇"小政府"，要求政府"守夜"就够了。很明显，这种观点存在偏激，是仍然受"非左即右"极端思维方式影响的表现。二是政府职能分化，政府应变小的机械唯物主义思维观念。认为政府从全能、全管定位"退让"以后，一些社会事务由市场、社会等来承担，发挥市场、社会的功能，政府职能减少，政府可以变小，建设"小政府"是必然结果。这种认识是机械唯物主义思维方式的反映。因为政府职能原来存在"越位""错位"现象是事实，这些应该退让出来交给市场或社会，这是正确的。但是，政府职能原来还有许多"不到位"的方面，该做未做的事务，需要政府承担起来，而且，随着社会分工细化、利益多元化，以及市场、社会等主体功能到位，协调各种利益关系、宏观调控和调节的新任务出现了，而且只有政府去承担这些任务，那种"小政府""守夜"的被动政府明显不是新体制、新形势所需。三是自相矛盾的观念。不愿意接受"全管"的大政府，又感觉很多事需要政府来做，借经济发展、社会进步、人类文明等不断提出新的和高层次的公共需求及供给任务，如经济的市场化、国际化，发展的科学化、全面化，公共服务的多样化、具体化，管理的民主化、人本化、公开化、科学化等，都需要政府以"公共"的身份来完成，政府不可推卸这些职能。所以，这里认为政府职能应是"小政府"职能的认识和观念，不能成为我们重新定位政府职能的依据和取向。

"小政府"不理想，那么"大政府"就理想吗？非也。"大政府"也并非理想的政府。因为我们在计划经济时期的政府，就是"大政府"，是一个忽略市场、市场经济规律，忽略社会组织功能的，"一股独大"地配置所有资源并承担所有责任的，"错位""越位"和"不到位"并存的，并且公共色彩淡、政治色彩过浓的政府。我们现在已经形成共识，需要改革的就是原来的"大政府"，需要重新定位政府职能就是针对原来的"大政府"。所以，"大政府"的认识和观点也不能成为重新定位政府职能的依据和取向。

（二）强力政府是正确的职能定位

政府应该是一个强力的政府，也就是有科学定位、有能力的政府。社会、经济

的发展要求政府提供的东西更多,政府不是要小,而是要求政府履行职能更加高效和有能力。这样的政府立足科学的、法治的定位,有职、有能、有为,具有提供公共服务和利益的强大能力,善于与市场、社会主体等协作配合,善于"协调"和"平衡"。通俗地说,就是"当"而"强",在其当为之时即有足够的能力而为的政府。郭玉江的观点也体现了这种精神:人类选择了市场,但市场经济的建立和发展却必然以高效的政府管理为依托,政府作用的加强成为了现代经济的显著特征。竞争有序的市场建立,大量基础设施的提供,科学发展的推动,政策计划的制定,还有市场经济的可持续发展,都必须有赖于政府积极有效地调节和干预。这样的政府符合社会主义性质的定位,符合市场经济体制的定位,符合中外政府普遍职能的定位,符合以人为本现代文明的定位,必然是经得起历史考察和人民欢迎的政府。

所以,我们要建设的政府,不是"小政府",不是"大政府",而是"强政府"。我们不是要削弱政府的职能,而是要加强政府在其职能范围内的新职能和行政能力,使其在其位、谋其政、谋好政。因此,"强政府"应当包括:政府政治统治能力,如民主能力、行政能力、强制能力等;政府经济调控能力,如资源配置能力,提供公共产品的能力和对经济的调控能力等;政府的社会治理能力,如社会管理控制能力、社会协调能力、社会和市场规制能力等。打造"强政府",提高政府行政能力,应当包括以下内容:

第一,政府的职能是科学确定的。可以说,过去社会上就一把"椅子",上面只有一个人"坐",那就是政府。我们改革的方向和市场经济体制决定了社会上要有几把"椅子",一把给政府,一把给市场,一把给社会组织等。那么就要分清各个主体的位置、职能任务,及其履职程序方法和相互关系。其中,科学确定政府职能是至关重要的一环。科学界定政府职能,应达到这样的目标:以"以人为本"为出发点和落脚点的行政系统;把市场、社会主体等能够承担的责任交给市场或社会,充分发挥积极作用;那些涉及公共利益、公共服务的"公共"部分内容属于政府职能责任范围。政府的职能在下面两大部分之中,而不是这两部分的全部:一部分是除去市场、社会等已承担的责任以外尚无主体承担即无人认领部分,另一部分就是虽然属于市场或社会主体等,且他们也不推辞这些责任,但是交给他们会扰乱市场或社会秩序,阻碍其自身发展或损坏社会其他方面,也可能损坏整体利益和人类活动的根本价值,即不宜交付部分。这两部分看起来都应该由政府承担责任。实则不然,因为政府也不是万应灵药,也会失灵。归根结底,政府的职能范围仅在公共事务这个圈子内。强政府就是在这个圈子里强,应该在这个圈子里越强越好,政府能够把这个圈子里的全部事务办好,就是强政府,就是好政府。这包括政府常态性的社会管理,正常维护公共利益,提供服务,还包括政府积极主动创造条件增加公共利益,提高公共服务水平。这个圈子既是政府职能的舞台,又是职能的界限所在。

第二,科学确定的政府职能应由法治确认和保障。政府职能就在公共事务的范围内,因此主要的职能内容、行政方式、责任形式等,应当具备公开化、规范化、制度化等法治化的条件。政府的职能是面向社会、市场和公民等处理公共事务，与管理对象紧密相连；社会各个主体的职权与职责、权利与义务都应当是确定的、明晰的，有案可稽的。政府职能的履行过程就是行政人与行政相对人的活动，主体是确定的，相互关系是稳定的，公共事务是公开的。正如英国学者哈耶克所说："法治意味着政府的全部活动应受预先确定并加以宣布的规则的制约——这些规则能够使人们明确地预见到在特定情况下当局将如何行使强制力，以便根据这种认知规划个人的事务。"所以，政府的职能经科学确定以后，应当是由法治予以确认和保障的职能，是社会周知并遵循的活动规则，是判断和裁判各方利益的标准和依据。政府职能不是朝令夕改的、随个人意志而变的、隐蔽的。

第三，政府应当具有最强的处理公共事务的能力。在市场经济体制之下，政府的职能被确定在公共事务范围内，因此，政府应当在这个领域成为最强的政府。提高政府的行政能力，重点是提高政府提供公共服务的能力和政府引导、管理市场、社会和其他组织的能力。"强政府"应包括如下方面：首先，预测和掌控能力。指对社会公共事务的预测能力，即把握社会管理和公共服务的方向，超前知悉和准备的能力，提前做好建设公共设施、经济调控、社会管理及服务的准备等。其次，规划引导能力。即做好行政规划，制定政策，对公共事务的相关社会关系进行引导、扶持、调控，使行政活动经常处于稳定有序的状态之中。再次，科学的决策和实施能力。决策的科学性包括决策符合规律性、民主性、规范性和及时性等，实施的科学性包括及时妥当性、成本最低、效果最优及"负"效最小等。最后，资源运用能力。政府担负着社会管理和公共事务的责任。同时，政府也拥有履行职能、实现行政目的的丰富资源，包括自然资源、文化资源，甚至国际社会和市场的资源。因此，其一，政府应当充分认识这些资源，熟练掌握并综合运用这些资源，使各种资源各得其所、各尽其能，为行政目的服务。其二，政府为行政资源功能的实现创造环境和条件，调控和平衡各种不利因素，如通过再分配救助贫弱，疏导并安置乞丐等，追求帕累托最优。其三，政府与市场、社会主体等协作也是行政的一种资源，就是配合、协作、支持其他社会主体履行职能，分担政府的责任。其四，在方法上，政府除直接利用政府行政资源完成公共事务以外，还要像汉帝刘邦一样，"善于将将"，不是直接"将兵"，掌握运筹的本领。其五，应急处置能力。这属于公共事务的范畴，且市场、社会主体等无责任、不愿意去做，也做不好各种应急处置的事务，如防治"禽流感"，应对地震、灾荒等，而政府能够做到科学预测、反应敏捷、力量足够、损失最低、成本最少、恢复最快。

第四，政府应具有很强的领导能力。政府是实行"行政首长负责制"的机关，提高政府行政能力，政府领导干部履职能力的提高是一个重要方面。各级政府领导干部要提高破解发展难题、推进发展实践、全面领导发展的能力，赢得发展先机；提高发挥比较优势的能力，找准发展的途径；统筹谋划的能力，把握发展的关键；提高抓好落实的能力，改善发展的环境。要求政府领导干部善于学习，勤于思考，精于实践，勇于创新。

政府的行政能力是党的执政能力的重要组成部分，加强行政能力建设，应着眼于建设行政为民、人民满意的服务型政府；推进体制和机制创新，建设充满活力的、团结、廉洁、务实、高效的政府；建设依法行政的法治型政府。这需要提高五个方面的能力：一是结合实际、创造性地贯彻执行党的路线方针政策的能力；二是以经济建设为中心、促进经济发展的能力；三是统筹兼顾、促进协调发展的能力；四是推进社会管理、搞好公共服务的能力；五是维护稳定、应对复杂局面和处理突发事件的能力。

第三节 政府与企业创新有关的特殊职能

对于社会经济活动来说，企业创新的作用是十分明显的。而通过社会经济活动，企业创新也将有助于国民经济实力的增强，推动政府完善其他职能。而且，受到技术外部性的影响，对于创新企业来说，有可能存在一些不利的影响。因此，政府应该促进企业的创新。

一、激励企业生产性创新的职能

（一）为企业提供基本的创新基础设施

区域创新体系中对创新基础设施建设的投入主要由政府承担。它不仅包括交通、电力和能源设施，还包括公共信息网络基础设施、通信设施、公共图书馆设施等，覆盖各级的教育培训体系和高科技风险投资体系。另外，在高投入、高风险的基础研究领域，政府主要是提供资金支持。

（二）通过制度创新，营造良好的区域创新软环境

研究表明，制度的存在能够解决新兴的社会问题，制约着人们的竞争与合作。系统在创新中的作用主要体现在：降低创新的不确定性和交易成本，并增加对创新的激励。作为制度创新的主体，政府可建立一系列有利于创新的制度安排，如财产保护制度、激励制度、指导制度、政府采购制度、风险投资制度等。

1. 创新财产保护制度

创新活动的外部性要求政府制定严格的专利法和知识产权保护法，确保其有效实施，以保护创新主体的利益。由于创新活动的外部性，竞争对手虽然一旦意识到创新效益，但更愿意通过模仿、研究等方式分享他人的创新成果，而不愿意花费高昂的成本和承担失败的风险。这种外部性鼓励企业选择"搭便车"而不是主动创新。因此，创新产权保护力度不强，将严重制约该地区创新者的创新积极性。此时，只有借助政府的力量推动专利法和知识产权法的实施，才能有效地促进和保护创新活动。

2. 创新激励制度

政府主要通过金融政策（如优先贷款、优惠贷款、建立创新型风险投资基金等）、财政政策（如创新激励、研发投入、资金筹措等）、税收政策（如创新项目税收豁免等）、分配政策（如从创收中提取创新资金等），激发创新主体的创新意愿，为创新主体创造有利的外部环境从而激励创新。

3. 创新指导制度

政府通过地方产业政策（如优先发展高新技术产业政策和产业结构调整政策）和科技政策（如科技进步政策、技术市场政策、人才交流政策、技术引进政策、研究开发支持政策等），促进新兴产业和高新技术产业的发展。

4. 创新政府采购制度

政府采购制度是政府为了扩大创新需求、保护创新制度安排的供给。政府采购制度是影响区域创新活动方向和速度的重要政策工具，可以有效降低创新型企业进入市场的风险。"对于处于产品或行业生命周期初期阶段的创新项目，政府的采购制度可以有效地刺激对创新产品的需求，形成一个创新的买方市场，以有效保护那些在创新期间的企业，让他们迅速成长，蓬勃发展。"

5. 创新风险投资制度

政府创业投资制度是解决地区企业创新风险分担问题和新型创新企业融资难的一种制度安排。风险投资在促进高新技术企业产业化和高新技术企业创业中的作用已得到普遍认可。它通过政府财政、长期股权投资、风险安排等方式为创新型企业提供长期风险资本。

（三）通过培养区域创新文化，构建区域创新的软环境

研究表明，区域创新体系中独特的创新社会文化环境主要是指区域创新个体共同创新知识、创新态度、创新习惯行为模式的总和。作为一种隐性知识，它深刻地影响着该地区每一个创新主体的创新行为，甚至这样的影响也将超过对人们的正式影响。硅谷"鼓励创新，容忍失败"的创新文化所发挥的重要作用，是一个很好的证明。在创造良好的区域创新文化环境中，政府可以通过建立各种创新文化平台（如组织高新技术展览、交流会议、研讨会等活动），加强企业家之间、企业家和科研院所之间的合作。机构、企业家、供应商以及客户，加强彼此间的信任与合作，加速彼此间信息和知识的流通。区域创新文化不仅强调竞争机制，而且强调合作。政府可以通过建立一些合作平台（如提供科研项目进行联合研究）促进区域内企业之间的合作与知识共享，建立长期合作关系，加速隐性知识的发展、转移、扩散和有效利用。

二、制约企业非生产性活动的职能

越位，主要是过度使用行政手段参与市场配置、公平竞争、优胜劣汰等经济活动。目前，一些政府在市场经济中仍然是"全能"的人，参与市场、企业和社区的

管理。政府负责了很多不应该由政府控制的事情。例如，公共财政资金进入竞争领域。直接参与的经济事务太多，行政审批事项太多，在一定程度上提高了政府运作成本，降低了工作效率，也影响了活力和竞争力。

缺位的主要原因是政府没有承担责任，没有履行好的职能。比如，政府应当建立和完善社会信用秩序，为失业人员、各类退休人员和其他失去工作能力的人提供最低收入保障。有些地方，所有与国计民生有关的自然垄断行业和公益设施，实质上都会采取市场的模式。事实上，这是政府在推卸责任。

(一) 产品市场存在缺位

政府缺位反映在政府部门的疏忽中。这表现在政府对打击假冒伪劣行为、偷逃逃税、侵害职工权益、不正当竞争和违约行为缺乏明显监管。一些政府部门对市场秩序中的一些严重问题视而不见，相互推诿，市场监管活动缺乏必要的主动性和创造性。以劳动力市场管理为例，多年来，劳动力市场的混乱和农民工工资的恶意违约已演变成严重的社会问题。这种混乱的劳动力市场秩序，劳动和管理之间的紧张关系在很大程度上与政府职能缺位有关。

(二) 要素市场存在越位

中国的政府审批制度是在计划经济时代形成的，作为政府资源配置的手段，仍在使用中。建立政府审批制度的初衷是好的，如避免重复建设，调整产业结构，减少投资盲目，浪费资源，形成良好的秩序。但由于信息能力的制约，良好的初衷并没有转化为实际的效益。重复建设和产能过剩问题不但没有得到解决，反而变成了"法律白条"。

第四章 企业创新的理论研究

从前面关于企业创新的外部性理论论述来看,企业所处的产业园区的知识溢出机制能够促进企业的创新。具体到每一个企业上,企业总是会在企业内部的总体知识基础上,实现创新。由于企业在领导者、企业结构、企业文化等方面都不一样,企业在具体的创新活动中也有不一样的表现。

第一节 推动企业创新的外部集群

对于企业创新而言,来自外部集群的压力是企业创新的直接动力。企业在市场竞争中不得不面对来自各个方面的压力,或者是自发进行创新,或者是借助于其他企业的力量实现产品的创新。

一、外部集群中企业技术创新动机演化

技术创新动机是一定历史条件下特定制度环境的产物。但是,历史条件和制度环境不是静态而是动态的演化过程。本研究以达尔文主义为分析框架。达尔文主义认为,进化是"遗传""变异"和"选择"相结合的结果。企业技术创新微观动力要在这三个角色上进行整合,从而形成宏观技术创新行为。遗传导致企业发展的路径依赖,从而加强技术创新行为,降低技术创新成本;变异造成路径创造,避开路径锁定,提高技术创新的效率;选择则是企业基于市场的发展变化而产生的路径筛选。正是由于外部集群的技术创新,兼顾了遗传和变异,才能更好地促进生产关系,及时适应生产力的发展。

(一) 外部集群的遗传创新机制

技术创新是技术进步的商业化应用,而"技术的本质是方法的聚集",商业化应用是特定市场环境中的行为。在"方法的聚集"与"市场环境"中,客观物质条件与主观实践体验得到融合,形成知识的情境。外部集群之所以能更有效地让企业实施技术创新活动,原因就在于知识情境更为稳定。知识情境不是一蹴而就的,它

只有通过实践主体的知识学习、经验共享,以及不断地积累与演化才能产生。因此,知识情境的形成与演化取决于两方面因素:一是实践主体的学习能力、行为偏好以及创新精神;二是知识积累的效率与效果。知识的积累主要有两个途径:显性知识借助文献编码传播,隐性知识则依靠"师传徒授"继承,惯例与制度是这两种途径的确立形式。而学习能力、行为偏好、创新精神均受技术创新微观动机影响。惯例与制度也是多种技术创新微观动机整合的结果。

具体而论,外部集群的技术创新遗传是通过两种方式实现的。第一,生产惯例与制度。创新偏好与创新精神是实施技术创新行为的认识前提,当外部集群的成员习惯性关注产品品质与生产效率时,稳定的企业行为创新偏好便随之形成,创新精神也将频繁得到强化。第二,企业学习惯例与制度。技术创新的效率既取决于技术路线与生产要素条件的适配程度,又受市场竞争形势变化影响。因此,对技术与市场的认知缺陷必然降低技术创新的效率。加强企业间的知识交流与相互学习是有限理性约束下减少认识缺陷的重要途径。企业学习惯例与制度是在实践中不断改进、逐步优化形成的,是有效的知识交流与企业学习途径。借助企业学习惯例与制度,企业或实现互惠,或得到补偿,进而形成并强化行动共识。

(二)外部集群中的变异创新机制

生物学中的变异反映亲代与子代之间的差别。而变异的经济学含义是指个体在传递选择信号特征上的变化。行为因变异而产生多样性,"行为多样性的速率和方向驱动经济变迁"[①]。技术创新作为一定时空的存在,必然受既有要素结构、数量、质量的约束,技术创新微观动机也只能在这样的约束条件下得到满足,而满足程度取决于新技术价值与沉淀的网络外部价值及配套产品价值的兼容性。换言之,"适者生存"规律也适用于技术创新活动,较之最先进的技术,适用技术更容易被市场普遍接受。技术创新变异的作用在于产生多种新的生产函数,这就为市场提供选择的备选对象。此外,技术创新的微观动机在实践中才有望落实。因此,所采纳的生产函数是实现微观动机的手段,手段与动机是否匹配只有在试错中才能得到验证。技术创新变异使手段多样化,这有助于增强手段与目标的适配,从而使技术创新微观动机尽可能得到实现。

促使技术创新变异的主要原因有三个:第一,技术范式革命。技术范式决定技术轨道的基本走向与技术愿景。它不仅改变生产要素的组合方式,更引起以之为基础的生产函数价值序列重构。例如在存储技术发展历程中,电子存储替代磁存储就具有范式革命的意义。存储容量是评价存储技术的重要标准之一,在磁存储技术范式下存储容量的增加主要借助提高磁记录密度实现,磁记录密度的物理极限也是磁存储的技术极限。而电子存储范式下存储容量取决于集成电路的晶体管的密度,技

---

① 王立宏. 经济演化分析方法及其主要来源综述[J]. 黑龙江社会科学,2007(4):54-57.

术轨道因此不再以磁记录密度为导向。在以优盘为代表的电子存储产品获得市场认可之后，磁存储的技术与产品价值便大幅下降，磁带、磁盘、驱动器等产品的市场份额迅速萎缩。第二，制度变革。制度对市场准入门槛、生产要素供给、生产成本等有决定性影响。如环保标准提高迫使一些车型退出市场，税收政策变化影响资本供应量，强制社会保险制度的实施使劳动力成本增加等。生产要素与市场环境变化使技术创新的外部约束条件改变，从而引发其变异。第三，市场突变。社会突发事件往往引起市场随之突变，这种情况在突发公共卫生事件中最为典型。如 SARS 使防控检疫与免疫治疗市场需求急速扩张，但处置这种新病毒存在技术瓶颈。瓶颈的打破往往既依赖于技术突进，又依靠物质资源与社会资本在特定领域密集投入，这易于诱生技术创新变异。

二、企业技术创新选择行为的分析

（一）市场集中与技术创新的关联

市场结构的集中程度必然影响市场竞争形势，进而影响包括技术创新在内的市场行为，如市场结构变化，对产业技术选择便具有不可忽视的影响。市场集中与技术创新的关系研究始于对"两个熊彼特"问题的争论。早期研究中，以阿罗（K. J. Arrow，1962）、施瓦茨（N. Schwartz，1982）、舍勒（F. M. Scherer，1992）等为代表的一批学者支持熊彼特早年的观点，即市场竞争是促进技术创新的主动力，市场集中度低的市场结构更有利于技术创新。艾斯和阿雷斯特（Acs & Audretsch，1988）认为位于市场集中度高的产业中的企业的技术创新数量比市场集中度低的产业中的企业少。产业企业理论哈佛学派也认为高市场集中度将削弱市场竞争，导致技术创新投资不足，不利于技术创新。此外，少数学者虽不认可市场集中与技术创新之间存在负向关联，但他们与负向关联论者一样，均质疑正向关系的存在。

"两个熊彼特"问题的探讨深远地影响了市场集中与技术创新关系研究。随着研究的深化，学者们逐步认识到市场集中与技术创新关系的复杂性，现阶段很难用单纯的正向或负向关联来揭示其间的普遍规律。莱德尔（Holly J. Raider，1998）曾试图用复杂一些的抛物线来描述两者的互动关系，其模型虽具有一定分析功能，但它存在一定的局限，必须结合市场集中的具体形式、产业特征与演化阶段综合分析，才有可能逼近事实。"企业规模与技术创新的关系"成为探讨市场集中与技术创新关联的重要内容。

企业规模所反映的是企业资产与产能等状况，规模不同的企业均拥有一定的市场份额。市场份额可能集中于大企业，也可能集中于中小企业，这就是市场集中的形式差异。因此，企业规模、市场集中、技术创新三者间存在互动，"企业规模与技术创新的关系"影响"市场集中与技术创新的关系"。

大多数学者普遍认为企业规模对技术创新存在重要影响，这一观点被许多实证研究所证实，如瓦格纳和汉森（Wagner & Hansen, 2005）对低技术产业的研究。学者对企业规模与技术创新的关系存在两种认识，以索特（Soete, 1979）、默维尔（Mowery）和罗森博格（Rosenberg, 1989）、钱德勒（Chandler, 1990）为代表的一批学者认为企业规模大有利于技术创新。如罗斯威尔（Rothwell）认为技术创新往往需要较高的成本投入，并且技术创新收益与技术创新投入正相关，大企业更有能力支付高额的技术创新成本。玛莎（A. Martha）与尼尔森（R. Nelson）则进一步从技术创新的性质角度予以论证，他们认为研发是具有风险的投资，分散投资于多个研究项目是降低风险的途径，大企业更有条件发现技术创新的市场价值，从而减少技术创新活动的不确定性与风险。柯恩（Cohen, 1995）和塞蒙蒂斯（Symeondis, 1996）在统计美国部分企业大型研发项目与企业规模的基础上提出，超过一定的临界值之后，研发投入与公司规模之间成正比。芝加哥学派认为技术创新存在规模效应，需要知识和经验的积累，大企业更容易为技术创新提供适宜的条件（Laforet, 2008）。

以莱顿（W. T. Layton）、库珀（C. Cooper）为代表的一批学者则认为中小规模的企业更有利于技术创新。莱顿研究了一批分布于美国10个行业的企业技术创新活动，结果发现在电缆、制鞋、橡胶等行业均存在大企业为保护现有投资以获取更大利润而压制技术创新的现象。拉芙德和拓米（Laforet & Tami, 2006）研究了英国许多中小型制造企业，证实它们更倾向于将技术创新作为企业战略加以贯彻。苔丝（B. C. Twiss, 1996）提出较之中小企业，大企业的管理结构与科层更为复杂，这对技术创新产生抑制作用。德隆和马斯里（DeJong & MarSili, 2006）则认为小企业更热衷于将新的技术设想、新产品和新工艺带进市场。成功的创新将增加它们生存与发展的机会。

由于在产业结构以制造业为主导的工业化时代，生产制造需要较大的资本设备投资，因此规模报酬递增现象明显。而在市场全球化扩张初期，市场范围相对狭小，市场环境差异相对较小，市场竞争形势相对简单。在这样的历史阶段，市场竞争中大企业获得高市场份额，承载市场集中的可能性较中小企业要大。这就造成"企业规模与技术创新的关系"与"市场集中与技术创新的关系"在一定程度上复合，出现混同倾向。"大企业是否有利于技术创新"成为中心问题，忽略市场差异，用单一的正向或反向关联来回答问题合乎研究的历史逻辑。然而，产业结构向以服务业为主导的后工业经济转型使得企业规模报酬递增效应被削弱。企业以规模扩张获取市场优势的发展战略也相应有所调整。继续将"企业规模与技术创新的关系"与"市场集中与技术创新的关系"混同，以"大企业是否有利于技术创新"作为认识"市场集中与技术创新的关系"的中心问题是不适宜的。此外，全球化浪潮的迅猛发展使得市场的区域边界逐步淡化，市场环境差异日益凸显，市场竞争压力、规模企业市场适应能力、市场定位对技术创新的影响并不比市场结构小，无视市场差异、产业特征、演化阶段，以单一的正向或反向关联难以揭示规律。

凯莉（Kelley）、尼尔森（R. Nelson）等学者从企业规模变动中研究技术创新变化。纳尔逊提出当企业规模超过一定阈值后，企业规模与技术创新便无明显关联，而各产业的企业规模阈值存在差异。凯莉（Kelley）在对181家公司的统计研究基础上，得出当市场集中度位于50%~60%区间时产业技术创新水平最高的结论。而谢勒（F. M. Scherer，1980）认为市场集中度位于50%~55%时产业技术创新密度最高，市场集中度与技术创新的关系可以用倒"U"形曲线描述。而Cabral认为倒"U"形关系在企业技术创新与企业规模之间也存在，即存在一个适当的企业规模，使企业技术创新水平（动机与能力）达到最高（如图4-1所示）。

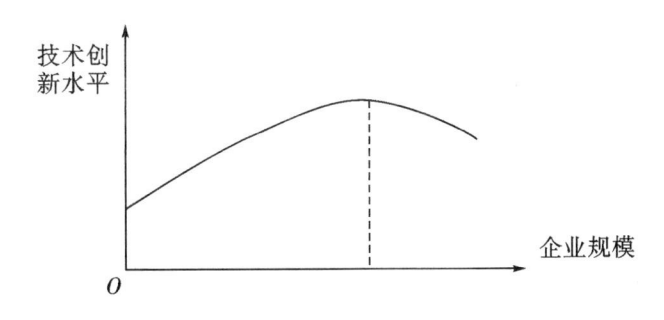

图4-1 企业规模与技术创新水平之间的关系

也有学者从技术创新的特征着手，认为企业规模、市场集中度不同，创新类型亦有所不同。布莱斯与马勒（Breschi & Malerba，2000）将技术创新分为宽度型与深度型两类。宽度型技术创新一般借助创新者的"创造性破坏"来削弱原有厂商的竞争优势，从而使产业的技术创新基础扩大。由于这类创新对技术积累的要求不高，技术创新成本与收益相对较低，技术创新投入相对不高，因此多由中小企业实施。深度型技术创新则相反，长期的技术积累中，高投入、高回报是其特征，一般只有大企业才有条件承担。

（二）市场竞争与企业创新行为

存在垄断利润是企业愿意参与技术创新活动的先决条件（熊彼特，1942），没有垄断，垄断利润就无从谈起。因此，企业具有追求垄断的本性。企业之所以愿意成为外部集群成员，可以提高获得垄断利润的概率是重要原因之一。由于企业是外部集群的主体，外部集群只有形成的集中卖方市场，才能有助于提高外部集群企业成员企业的盈利能力，保障企业的生存和发展，而技术创新是外部集群形成集中的卖方市场和市场竞争优势、赢得市场份额的主要途径。

传统集群升级大致需历经产业集群、外部集群、绝对竞争优势三个阶段。企业在不同发展阶段所面临的市场竞争形势、市场容量、行业盈利能力等有所不同，这使得产业的技术创新供给与需求亦有所差异，以致影响集群内企业的创新动力。在产业集群阶段，集群的盈利能力下降，市场容量增长缓慢乃至萎缩。市场竞争威胁与企业家精神共同强化企业的技术创新动机，进而使集群创新动力增大。在外部集群阶段，技术创新所引入并确立的新生产函数日益发挥出其市场优势，从而吸引到更多的追随者，技术轨道日益清晰与通畅，网络外部性日显，集群内企业的技术创新积极性逐步达到最大。当企业拥有绝对竞争优势后，集群企业已将市场竞争对手淘汰，竞争的非对称性越来越强，竞争强度的弱化使企业的技术创新积极性开始下降，技术创新失败的机会成本逐步升高，集群企业技术创新策略选择偏向保守。

企业核心竞争力强度决定其市场竞争压力大小，在技术创新导向下的市场竞争中，企业核心竞争力是技术创新，核心竞争力强度体现为技术的领先性。竞争压力越大，技术创新投入也越多，创新动力也越大；反之，创新动力越小。两者之间呈现正向关联。当技术创新成为决定市场竞争胜败的关键要素，企业与竞争者技术创新水平接近时，企业的创新意愿与创新动力相对较强。如果相互竞争的企业之间技术创新水平差距较大，以致竞争出现非对称性时，处于优势地位的企业的竞争压力也相对较小。而对于处于劣势的企业，如果优势企业不采用零和博弈策略，其竞争压力也不大。因为技术鸿沟已导致难以突破的竞争壁垒。外部集群对创新成果的紧迫度影响外部集群的动力。外部集群技术创新的积极性大小，与同行企业的差距大小和其所占市场份额大小关联密切。外部集群目标是追求市场份额最佳，保持竞争领先距离，始终处于市场领先地位。追求最佳市场份额是谋求利润最大化的手段。通常而论，在市场份额集中度不足的条件下，竞争领先距离越小，外部集群的创新紧迫感越强，其创新动力也越大。当外部集群拥有绝对竞争优势，且竞争对手的市场竞争能力远逊于它，外部集群的创新紧迫感随之会减弱，创新积极性反而削弱。在确保竞争绝对优势地位稳固的前提下，企业倾向于减少创新投入，减缓创新速度或转入技术储备状态。当部分外部集群发现具有"潜在竞争威胁"性的技术存在时，其创新紧迫感便会随之增强，以至于产生危机感，技术创新动力随后也增大。部分实力强大的企业甚至收购并封存具有潜在威胁性的技术，或兼并持有该技术的小企业以扼杀潜在竞争对手，从而保持现有竞争优势。我们将这一动力变化通过图 4-2 来描述。

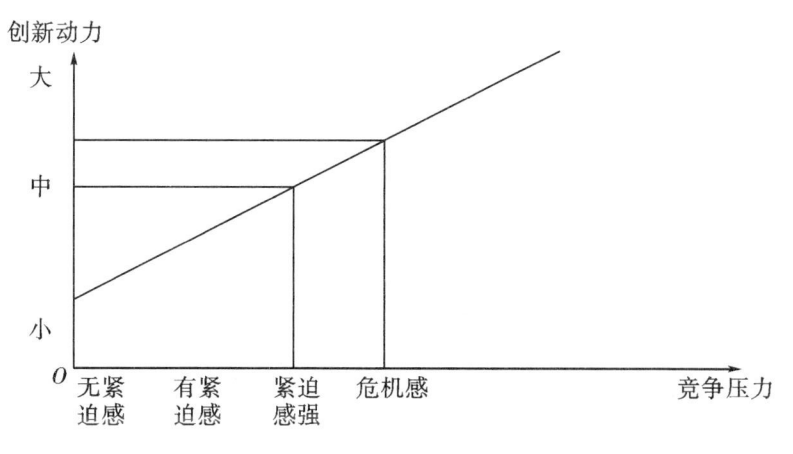

图 4-2 市场竞争压力与技术创新行为的关联

综合而论,企业技术创新行为存在于复杂的市场环境。由于影响因素很多,本书难以列举穷尽,本研究在此仅从企业技术创新行为选择角度对部分因素进行分析。

三、影响企业创新动力的因素分析

(一)影响企业创新因素的类型分析

企业创新中技术创新是关键。企业创新的原动力是竞争,直接动力是利润。形成企业创新的首要条件是存在掌握关键技术的核心企业。核心企业通过技术与市场关联吸引一批相关企业聚集,并形成明确分工,进而孕育附加值较高、发展持续性较强的价值链。这些利益相关方紧密合作,形成团体,以技术创新为手段,逐步拥有市场优势地位,成长为外部集群。

所谓核心技术是指具有重构价值链,主导产业发展的关键技术,如代替模拟技术的数字技术。无论关键技术的获取途径是自主研发还是技术转移,只要掌握关键技术并将其付诸市场应用,这种企业即是核心企业。核心企业与关键技术通过市场机制产生"场域"效应,吸引追随者和合作者加入集群。这一过程如同分子围绕核心结晶形成晶体,核心企业与关键技术发挥着籽晶的作用,分子式的追随者和合作者在对自身创新能力、学习能力、市场策略等予以评价的基础上,在市场机会与政策诱导的作用下,主动聚集到核心企业周围,逐步形成晶体般的外部集群。影响企业进入外部集群的因素有多种,其中主要有技术因素、经济因素、环境因素、风险因素、文化因素等。它们具有复杂、多变、动态等特征。基于作用对象可分为经济因素类、技术因素类和混合因素类(见表 4-1);基于作用效果可分为正相关因素与负相关因素;基于作用方式可分为由主体主动选择并控制的主动型与主体被动适应的跟进型。当然,这些分类都是相对而非绝对的。随着市场环境形势的变化,各种因素的作用方式及产生的效果也会有所不同,因此也会需要相应调整。此外,企业自身变化也会改变影响因素所发挥的效果。因此，分类仅仅只是一种立论分析工具。

表4-1　　企业加入外部集群和稳定企业成员身份的部分主要影响因素

图编号	类别	阶段	主动与跟进	因素内容
1	技术因素类	ABC	主动	势差效应：核心技术的先进性和它在物质产品中的显著程度，技术对形成率先领先优势的作用大小、持久性及保持相对竞争对手的领先地位和领先时间，技术聚集与市场集中度的预测
4		ABC	主动	企业技术联盟和运行绩效
5		AB	主动	技术领导和追随情况、技术发挥情况
8		AB	主动	核心技术的开发周期及复杂程度
13		A	主动	企业自身的技术优势与企业技术基础
14		A	主动	企业技术与核心技术的契合度
15		A	主动	核心企业对技术的自信度、策略的认可度
16		A	跟进	核心企业技术创新压力的大小（紧迫感、差距感）
17		A	跟进	核心技术的规模
18		A	跟进	核心技术的确定性与核心技术的特性
25		BC	跟进	区域技术外溢
26		BC	跟进	技术范式革命、调整和变更
27		BC	主动	技术创新学习的及时性与效率
31		B	跟进	遭遇技术瓶颈
32		B	主动	技术合作好坏和企业技术发展趋向的稳定性
33		B	主动	技术在差异化中的作用
34		B	主动	企业分享技术溢出的好处
38		C	跟进	技术联盟瓦解
39		C	跟进	技术与进入壁垒
40		C	跟进	核心技术被新技术替代，外部集群发展受挫
41		C	跟进	自身企业的关键技术或优势被其他企业替代
42		C	主动	自身企业具有了更好的其他方向技术或新发展方向，因而主动脱离外部集群

表4-1(续)

图编号	类别	阶段	主动与跟进	因素内容
7	经济因素类	AB	主动	被动企业创新投入能力
9		AB	主动	技术与利润的关系
20		A	主动	市场化风险评估大小
21		A	主动	潜在市场容量核心技术产生的弹性收益
22		A	跟进	技术分工和社会分工
23		A	主动	降低交易成本
35		B	主动	企业分享技术溢出的好处
36		B	跟进	市场变化及行业盈利能力变化
37		B	跟进	技术改变相对成本地位,技术对改变成本结构的作用(影响定价决策)
43		C	跟进	竞争态势和压力
44		C	主动	追求更大目标
45		C	主动	利润及影响企业的盈利潜能
2	混合因素类	ABC	跟进	文化因素
3		ABC	跟进	政策变化
6		AB	跟进	环境因素
10		AB	主动	对重要竞争者的判断,对优势竞争者的挑战与可能的报复
11		A	主动	企业决策层特质及企业家精神与个性偏好
12		A	跟进	其他社会因素
19	混合因素类	A	主动	动机因素
24		ABC	跟进	产业结构的适应影响和效率
28		BC	跟进	网络因素
29		BC	跟进	战略失误
30		BC	跟进	企业因素
46		C	跟进	核心企业转向

在外部集群各个不同发展阶段,企业面临的竞争压力和竞争形式有所不同,企业的竞争策略选择也有所差异。创新有程度、规模、策略、投入、成本、风险等量度,它们有的与市场相关,有的与地理分布和技术轨道相关。企业参与竞争主要有技术和经济两个手段,外部集群则能将这两种主要手段融合使用。部分外部集群的成长影响因素仅在外部集群的某些成长阶段发挥作用,而部分成长影响因素则贯穿

外部集群发展始终并发挥效能。此外，因同一企业在外部集群形成、发育、成长阶段的不同，对企业来说同一因素影响作用的类型和大小会发生变化，如在外部集群的形成阶段，企业在选择是否加入集群具有较大机动性，因而这一阶段主动型因素较多。

（二）不同因素的影响作用

1. 企业自身的技术优势与技术创新的动力

一个掌握核心技术的企业（主动企业，也称核心企业）要进行新产品开发和市场转化时，必定要组合一部分配套企业的先进技术集成共同转化。在这种条件下，有技术优势（包括已有技术和技术开发优势积累，有很强的研发能力）的企业（随动企业），有条件与核心技术配套，就会产生参与核心企业进行技术创新和产品开发的动力，积极投入。

2. 企业技术与核心技术的契合度

企业自身的技术或技术优势与核心技术能否配套，是否存在契合度，是生产要素能否有效组合的重要方面。首先，合作方必须对知识范式接受与认可，知识背景可通约。两个企业在知识背景和结构上存在较大的共识。其次，对外部集群来说，有一个技术的选择性问题，包括技术先进性选择和技术适合性选择；对参与企业来说，有一个组合适应性问题，只有两者合拍，才有较好的契合度。契合度高，企业间的技术创新动力就大。契合度低，则动力小。

3. 核心企业对创新技术的自信度

自信度是企业对技术和市场发展趋向的认可，企业对技术预测有信心。核心企业对创新技术的自信度高，制定非常好的策略，则投入积极性高，投入力度大。外部集群在某一个阶段在哪些产业中间容易产生，是有一定特质的。在选择培育外部集群时，自信度很重要，自信度取决于企业对技术预见的把握有多大，而对技术预见的把握有多大取决于学科发展趋向是否明朗。把产业发展和科学发展规律结合起来判断时，技术发展的不确定性相对小些，企业参与的积极性高一些。当一个学科发展方向不明确时，知识风险导致技术风险、投资风险加大，这时技术创新的积极性就低一些，必然影响企业的自信度，从而降低投入技术创新的动力。

4. 企业的投入能力与技术创新的动力

企业的资金、人力和技术等实力，是决定是否参与外部集群必须考虑的条件。企业投入能力的大小，可与外部集群的技术创新的需求条件比较。如果投入能力适合，企业将可能有较大的积极性（动力）参与；否则即使是一项很好的技术，企业将不会参与。

5. 核心技术开发周期与企业动力

每项技术从开发成功到市场化，都有一定的周期，周期的长短对企业的投入积极性有较大的影响。因为每个企业根据自身的现状和预期判断，对进行技术创新周期长短都有一个可接受范围；超出这个范围，企业可能接受不了，没有参与的积极性。

6. 主体企业技术的竞争压力大小与技术创新动力大小

主体企业竞争压力的大小决定技术创新的动力大小。竞争压力大，则技术创新的动力大；竞争压力小，则技术创新的动力相对较小。

7. 企业当前利润与技术创新动力关系

企业当前产品的市场状况与利润状况，影响技术创新的态度和动力。其分为两种情况：一是如果企业当前的产品市场状况好、利润高，技术创新积极性可能反而不高，因为企业追求的是市场份额和利润，技术创新要投入成本，而且利润是个预期，而现有产品有很大利润，进行技术创新存在风险，从而进行技术创新的动力不足。当然，也有的区域从长远发展的高度看，高瞻远瞩，看准更大的机遇，投入创新开发行列。二是如果企业现有产品利润小，企业技术创新积极性就高。企业要通过技术创新更新产品，或者通过技术创新降低有较大市场的现有产品的成本，以提高利润；或者通过技术创新拓展产品的市场，扩大销售额；或者通过技术创新使产品升级，提高产品性能，增加新的功能，从而增加产品利润。这些都是提高企业技术创新动力的因素。

8. 技术创新水平的先进性与动力的关系

创新技术成果的水平是分档次的，即世界领先水平、国内领先水平等。只有世界领先水平的技术创新，在有关产业集群的努力下，才有可能成为外部集群的核心技术，因为只有这类技术，才能形成占世界绝对优势的产品。创新技术成果水平对企业是否参与相关产品开发市场活动的积极性影响很大，因为这关系到集群合作的发展是否能达到预期目标，是否能成为具有绝对优势的产品占领市场。

9. 创新技术的市场化风险对创新动力的影响

企业在决定参与某一创新产品的市场活动前，必定对产品的创新技术进行市场化风险评估。当其风险在可接受范围内，其参与的动力就会大；当其风险在不可接受的范围内，其参与的动力就小，甚至不参与。企业参与技术创新时可能面临的主要风险有：所选择的创新项目的技术创新不足，或创新周期过长；可能在市场化期间出现"异军突起"式的更新的同类技术，使已选择的创新项目"失效"；出现技术范式革命，新的技术把正在开发的项目技术淘汰了，造成失误；集群中骨干成员因故缺位，造成技术联盟瓦解，产业失谐；市场竞争方向选择出了偏差，导致技术创新项目战略失策；技术不完备、不成熟，论证分析不足；某项关键配套技术或工艺出问题；关键原材料供应不畅。

10. 外部集群形成前后加盟企业的两类动力

企业在面对外部集群形成之前和之后的动力有两种情况，一种是成为外部集群之前的动力，另一种是成为外部集群之后的动力。在企业没有获得绝对竞争优势时的市场行为和已经获得绝对竞争优势时的市场行为差别是很大的，在外部集群发育阶段的动力与外部集群成长阶段的动力是不一样的。市场行为下的观察结果表明，技术只是一个工具和手段,工具手段怎么用,取决于企业在竞争中的地位,企业在竞争中能否选择实现利益最大化的方案,也取决于企业选择的技术是否控制得住工具的本身特性,说到底这是个经济行为。

11. 外部集群企业结构变动影响外部集群发展动力

拥有对价值链的延展或重构具有决定性作用的关键性核心技术,是形成外部集群的必要条件。以拥有核心技术的企业为核心,形成企业群聚。在地理空间上,外部集群企业成员之间存在中心与外围的关系,它们分别提供关键性技术、核心技术、配套技术。企业是技术的人格载体。面临相同的外部刺激,中心企业与外围企业的反应不尽相同,反应所产生的影响也存在差异,集群的企业结构随之变化。同一企业在外部集群形成、发育和成长的不同阶段,对外部刺激的反应亦有所不同。变化有时呈良性,即外部集群的创新度日益提高;有时呈恶性,即集群走向衰退。

第二节 企业自主创新的影响因素

企业自身也是影响企业是否进入创新阶段的一个关键因素。从总体上看,企业的人力资本、管理制度、企业文化与氛围、领导力都能够影响企业的创新。

一、人力资本与企业创新

(一) 人力资本的概念

真正意义上的人力资本理论诞生于20世纪60年代,并在20世纪60年代至20世纪70年代得到快速发展,主要的代表人物是舒尔茨(Schultz)、明塞尔(Jacob Mincer)及贝克尔(Gary S. Backer)等经济学家。

舒尔茨首次对人力资本做了明确界定。他认为,人的知识、技能和体能是资本的一种形态,称为人力资本,它的形成是投资的结果。只有通过一定的投资方式掌握了知识和技能的、身体健康的人力资源,才是一切生产资源中最重要的资源。舒尔茨把人力资本投资范围和内容归纳为五个方面:①卫生保健设施和服务,概括地说包括影响人的预期寿命、体力和耐力、精力的全部开支;②在职培训,包括由商社组织的旧式学徒制;③正规的初等、中等和高等教育;④由商社组织的成人教育计划,特别是农业方面的校外学习计划;⑤个人和家庭进行迁移以适应不断变化的就业机会。

舒尔茨对人力资本理论的贡献主要表现在以下两方面:一是第一次明确阐述了人力资本理论,使人力资本理论终于冲破重重歧视与阻挠,成为经济学一门新的理论;二是系统研究了人力资本形成的方式和途径,并对教育投资的收益率以及教育对经济增长的贡献进行定量研究。

当舒尔茨注重于经济增长领域构建人力资本理论的同时,另一位学者明塞尔则从收入分配领域进行同样的研究工作。明塞尔在其研究中系统地论述了人力资本投资与个人收入及其变化之间的关系，提出了人力资本投资收益模型，得出人力资本投资差异是个人收入差异的主要原因的结论。明塞尔指出：现实中收入分配的差别不是主要表现为各种职能收入的差别，而是表现为个人收入之间的差别。对于这种收入差别，以往的一些理论（诸如强调阶级的社会学模型、强调机会的概率论模型等）未能给予令人满意的说明。而从人力投资（或培训）的视角则可以对此给出有说服力的解释：在自由选择的条件下，每个人基于收入最大化而进行的不同人力投资（或培训）决策，决定了他们之间收入分配的格局。

从时间上看，贝克尔（Gary S. Becker）对人力资本研究比舒尔茨和明塞尔稍晚些，但他对人力资本理论的创立同样做出了杰出贡献。贝克尔的研究指出：人力资本有通用人力资本（General Human Capital）和特殊人力资本（Specific Human Capital）两种。由教育获得的知识属于通用人力资本，也是人力资本概念的关键特征，而特殊人力资本是与特定工作领域相关的知识和技能，如某个领域的工作经验、专门知识等。特别指出的是，贝克尔研究了人力资本在职培训模型等，强调"干中学"对人力资本投资的重要性。另外，贝克尔研究认为，人力资本投资的需求条件与供给条件的差别是人力资本投资水平差别的主要原因。

从人力资本概念的提出到人力资本理论的创立，我们可以发现：尽管经典性的人力资本研究侧重于从国家、个人乃至家庭视角研究人力资本投资途径和投资收益，较少从企业视角进行研究，但事实上，三位代表性的人力资本理论学家都同时论及在职培训在人力资本投资和提升中的重要性，在某种程度上已论及企业在人力资本投资中的重要作用，并论及体现在个体身上的人力资本的两个方面：受教育年限和工作经验，以受教育年限和工作经验来衡量个体人力资本的积累。这些理论观点为拓展到管理学领域研究人力资本打下了必要的基础。

（二）人力资本与智力资本

随着经济学者对人力资本不断深入的研究，人力资本也引起许多管理学者的关注，并在管理学领域中得到进一步拓展。在管理学领域，许多学者从智力资本或知识资本的理念和框架对人力资本进行研究，将人力资本作为智力资本的一个组成部分。人力资本与智力资本密切相关。

智力资本（Intellectual Capital）是一个企业的知识资源，是企业用于提升竞争的知识存储。由于智力资本是与知识相关的资本，因此，也被称为知识资本。现有研究对智力资本的概念几乎无异议，但对智力资本的构成维度方面却不尽一致。

英国学者安妮·布鲁金（Annie Brooking）著的《智力资本》和美国学者斯图尔特（Thomas A. Stewart）著的《智力资本：企业的新财力》，是对智力资本进行较系统研究的两本代表作。

安妮·布鲁金将智力资本构成界定为四个模块：人力资本、市场资本、知识产权资本和基础结构资本。她认为：企业人力资本是由体现在员工身上的知识、才能和特定的心理素质所构成；市场资本是指公司拥有的、与市场相关的无形资产潜力，主要包括客户和他们的信赖、销售渠道等；知识产权资本包括公司商业机密、技术专利、产品商标等；基础结构资本是公司骨架和黏合剂，为员工及其工作的联合提供力量和方便，主要包括公司管理哲学、公司文化、管理程序、信息技术系统、网络系统等。斯图尔特将智力资本构成则界定为三个模块：人力资本、客户资本和结构资本。他将布鲁金提出的"知识产权资本"和"基础结构资本"合并为"结构资本"。"结构资本"包括有形资本如专利和商标等，以及无形资本如公司文化和管理哲学等。

在智力资本架构中，人力资本是智力资本的核心，结构资本既为人力资本发挥作用提供条件与平台，又为人力资本所创造。客户资本一方面需要通过人力资本获得；另一方面，一旦形成又对人力资本产生互动作用。同样，结构资本与客户资本之间存在相互依赖与互动的关系。这种具有互动效应的智力资本构成企业的竞争优势。

与斯图尔特的三模块相似，Subramaniam 和 Youndt（2005）提出智力资本的三维结构：人力资本、企业资本和社会资本。他们认为：人力资本是依存于个体并为个体所使用的知识、技能和能力；企业资本指存在于并通过数据库、专利、手册、结构、制度、程序等应用的制度化知识及编码的经验；社会资本指嵌入于个体互动及其人际网络中的知识，并通过个体互动及其人际网络获得和应用知识。

（三）社会资本

1. 社会资本的基本内涵

社会资本概念起源于社群研究，用以强调社群中的人际关系网络是一种有助于个人在社群中发展的关系性资源。此后，社会资本在社会科学领域不断受到关注和研究，社会资本概念被应用于社会学、政治学、经济学和管理学等多个领域，研究对象涵盖个体、群体、企业、地区及国家等不同层面。相应地，对社会资本的概念界定也较多元化。

社会资本作为一种资本，既有资本的一些共性，也有其特殊性。其共性主要表现在：投资性和替补性。社会资本需要投入才可能期待未来回报，同时，社会资本既可作为其他资源的替代也可作为其他资源的补充。其特殊性主要表现在需要维护和难以量化。社会资本需要不断维护，投入必要的时间、精力和情感，甚至必要的物质资源，关系或网络才可能持续拥有或存在。社会资本是一个动态的集体物品而不是受益人的不变的私有财产。另外，社会资本也不是经济学家所称为"资本"的资产，对社会资本开发中的投入难以直接定量测评。

2. 社会资本的益处与风险

社会资本作为一种无形资本，它存在积极的方面，也存在可能的风险。社会资本的这种有益与风险并存性可从信息获得、影响力和凝聚三方面分析。

首先，社会资本的信息获得方面。其有益性主要表现在：社会资本使行动者更方便获得广泛的信息来源，并提高信息的质量和适时性。同时，社会资本的信息可使行动者所在群体产生积极的联络行为，促进互惠性的信息流动，使整个网络得益于信息的传播。特别是，弱连带能方便知识型团队搜寻新信息，而强连带能提高复杂信息和隐性知识转移的有效性。另外，存在的可能风险是：社会资本的建立和维系需要投入时间和精力等，有时可能无法保障投入的成本效益。在这种情况下，弱连带可能比强连带更高效，因为其维系成本相对低。

其次，社会资本的影响力方面。其有益性主要表现在：社会网络带来的能量或权力能使行动者顺利达成目标。在一定情况下，权力也能给集体带来积极作用，权力促成领导角色的出现，有领导的集体能更好地完成集体任务。另外，存在的可能风险是：当行动者能从网络中的其他连带获得信息收益时，对直接连带的依赖性会降低，因而直接连带的影响力也会下降。这表明：社会资本的影响力是动态的，社会网络中的直接连带关系也不是一成不变的。

最后，社会资本的凝聚方面。其有益性主要表现在：社会资本的高度联系所形成的较强的规范、信任使行动者能遵从相关准则，具有凝聚效应。团结给集体带来的积极性与集体成员的内部凝聚力有关，能促使集体成员的行动承诺形成和企业公民行为。另外，存在的可能风险是：集体成员的高度凝聚可能会使个体过度嵌入群体关系，进而减少新思想的流入，造成狭隘和惯性，从而可能导致群体缺乏活力。

（四）人力资本、社会资本与创新

人力资本与社会资本同属企业的无形资本，但两者内涵不同，又密切相关。已有学者的研究表明：社会资本对人力资本开发的影响作用。社会资本能为个体人力资本之间的信息和情感交流提供必需的场域，促进个体人力资本的提升和催化；同时，社会资本强调个体的价值通过他人得到提升，对个体人力资本起到整合和协同作用。有学者认为：人力资本是企业的一项关键资源，同时，利用团队形式来完成任务或在企业内建立起小社区，则是利用内部社会资本，而社会资本能为企业找到利用人力资本的途径，从而为企业创造价值。人力资本与社会资本在企业创新中起着重要作用，不同层次的人力资本、社会资本对创新的影响也不尽相同。

1. 个体人力资本和社会资本对创新的影响

个体人力资本对个体创新行为及个体所在的团队或企业的创新均产生重要影响。不断增加的人力资本会提高机会认知和发现的可能性，拥有更多人力资本的个体会比他人认知和发现更多的机会。对机会的认知和发现过程是一种解决问题的途径，可帮助个体做出不同的选择，产生新的想法。当个体拥有更多领域相关的专业知识，可提出解决问题的方案，从而提高创新绩效。顾琴轩和王莉红（2009）对我国科研人员进行实证研究，发现科研人员的创新行为与受教育程度、工作经验均呈显著正相关，其中创新行为与工作经验比与受教育程度的相关性更显著。这一研究结论表明：科研人员的受教育程度表示个体的知识和信息的一种存量，更多反映个体的显性知识的积累。科研工作经验表示个体在工作中边干边学而积累的知识，更多反映个体的隐性知识的积累。由于科研人员从事的是高度创造性的专业性工作，不论是显性知识还是隐性知识都对创新行为产生显著的作用。同时，较之显性知识，科研人员的隐性知识的作用更显著。

个体社会资本主要指个体网络连带、网络构型及嵌入这种网络中的资源。个体通过人际互动，能获得并利用嵌入互动关系中的资源。个体社会资本对个人的知识获得和创新均具有重要影响。互动网络结构包括个体与他人维持的直接连带和间接连带，而直接连带更集中于知识的整合和创造，从而更容易产生新的想法和新的方法。创新行为可以产生于个人的独立工作中，同时也能产生于个体间的互动中，如在一个团队中，成员间一起分享、扩大、批评（过滤）各种想法。这种成员间的互动行为会激励个人产生创新性的想法。在工作领域，与他人的社会互动能加深个体对该领域的理解，并促使可行而独特的方法产生。然而，社会资本是有成本的。一方面，与他人互动的频率增加，能增强双方的理解、信任和认同，但另一方面，持续的强认同和信任会制约对新信息和不同观点的吸收。增加互动的人数，有利于个体接收更多的信息和知识，促进交流和新观点的产生，但同时发展和维护与他人的互动需要投入时间和精力。顾琴轩和王莉红（2009）对我国科研人员进行实证研究，发现科研人员的互动网络规模和网络密度与其创新行为呈现倒"U"形关系。这一研究结果表明：科研人员交流的人数对创新行为具有积极的显著影响，但超过一定的人数后就会对创新行为产生负面的影响。与他人建立较多的关系能获得交流信息和知识的机会，有利于拓展视野和增长知识，进而促进创新行为，但同时，如果联系的人太多，就需要投入更多的时间和精力，必然减弱科研人员对业务的思考和钻研程度，从而在业务工作中不太容易提出更多的新想法或解决问题的新方法。另外，科研人员如果与他人交流的频率增加，会增进双方之间的理解、友谊、信任，共享更多的经验和意见，从而促进创新行为，但如果科研人员与他人交流的频率持续增加，双方之间就会逐步同质化，产生更多的默契，可能会阻碍不同的或新的观念或意见的产生，从而减少科研人员的创新行为。再者，较之科研人员的人际互动网络规模，科研人员的人际互动网络密度对创新行为的正向和负向影响均更强。

在科研人员个体创新行为的影响因素中，人们往往会更关注科研人员的人力资本，而容易忽视科研人员的社会资本。研究表明：科研人员个体社会资本对创新行为的变异解释力大于个体人力资本对创新行为的变异解释力。科研人员个体人力资本和社会资本均对创新行为产生显著的影响，但影响的程度和机理却不同。研究结论在一定程度上反映了在当今信息和技术发展时代，科研人员个体对社会互动网络信息和知识交流的重要性。此项研究结论建议：首先，企业应充分重视和发挥科研人员个体人力资本和社会资本的积极作用；其次，企业在不断开发科研人员个体人力资本的同时，注重对科研人员的隐性知识的积累和应用，鼓励科研人员"干中学"及多种形式的在职学习；最后，企业及管理者应为科研人员创造条件和机会，鼓励他们与本单位同事及外单位同行多交流、联系和合作，建立交流互动网络，同时又注意适当控制和引导科研人员的互动网络规模和密度，避免因过多或过频繁的社会交往而分散科研人员投入业务的时间和精力，从而避免削弱科研人员的创新意识和行为。

2. 集体人力资本和社会资本对创新的影响

与前面概念讨论相一致，集体人力资本和社会资本主要指团队或企业层次的人力资本和社会资本。在团队或企业中，人力资本和社会资本对团队创新或企业创新起着重要作用。

企业为了促使创新，应聘用更高人力资本的员工；社会资本有利于提升人力资本，积极的员工关系能帮助员工交换、储备自己的知识，从而促进知识创新；高水平的社会资本能增强人力资本与企业绩效之间的正向关系。社会资本和人力资本互动对变革性创新能力产生积极影响，社会资本对渐进性创新能力和变革性创新能力都具有积极影响。社会资本影响人力资本对创新的作用发挥，通过企业内社会网络能将成员知识连接起来使其得到共享、传播，从而提升企业的创新能力；同时，企业内社会资本，包括人际信任、伙伴关系和协作网络对企业创新也十分重要。

顾琴轩和王莉红（2011）以我国研发团队为样本，研究了社会资本对团队创新绩效的影响机制。研发发现：团队社会资本的三维度（结构资本、认知资本、关系资本）对团队创新绩效均产生积极的显著影响，其中，互动的结构资本对团队创新绩效影响略大，这在一定程度上表明：研发团队成员之间互动性强，能获得更多交流信息和知识的机会，有利于拓展视野和增长知识，进而促进创新；同时，团队成员的互动也更易于获得隐性知识。相对于显性知识的隐性知识更有助于新的想法或观念的产生。同时，该研究还发现：团队心理安全、学习行为在团队社会资本与创新绩效之间具有中介作用。

该研究建议：首先，企业管理者应充分重视发挥研发团队内部社会资本的积极作用。在研发团队努力创造条件和平台，鼓励和强化成员互动交流和讨论，可面对面讨论，也可通过内部网络随时随地进行交流；加强研发团队工作的目标管理，确保团队成员认同团队使命和目标，提高团队成员的专业技能和素质，充分理解和掌握研发任务中所涉及的专业知识和理论、工具和方法等；鼓励和倡导团队成员面对变革，或遇到新的工作方式能相互支持和合作，在工作中相互信任。其次，注重营造研发团队心理安全的氛围。研发工作是对未知或新的知识或事物的探索，具有不确定性和风险性。因此，营造一个使研发成员感知团队心理安全的氛围非常重要。在研发过程中，允许试错，允许发表不同看法，包括尖锐或似乎不合常规的意见，认可冒风险的想法和行为，帮助成员解决在工作中遇到的困难。营造团队心理安全氛围，可借助团队社会资本的力量，特别是重视发挥认知资本和关系资本的作用，以促进成员的团队心理安全感知，进而提升团队创新能力和绩效。最后，强化团队学习行为。从事创新活动的研发团队面临的是一个动态而复杂的环境，要洞察敏锐并快速做出响应，团队学习则是关键因素。企业必须不断鼓励成员根据新环境、新要求探索新知识和新技术，并对过去及现在的工作进行反思和改进。团队学习行为的强化同样应借助团队社会资本的力量，特别是通过团队成员对团队目标的共享、研发任务的专业知识和技能的掌握及成员的相互支持和信任来激发团队学习行为，进而不断提高团队创新绩效。

二、企业制度因素对创新的影响

制度因素反映企业管理能力，对企业创新具有直接影响。在影响创新的制度因素中，企业战略和战略导向、企业结构、人力资源管理制度与实践等则是关键因素。本章对这三个关键因素的影响分别进行讨论。

（一）影响创新的战略和战略导向

创新缺失首先与缺少战略支持有关。一个企业若不能将新产品和企业资源、流程及企业战略进行联系，会阻碍企业的持续产品创新。而不同的战略和战略导向对企业创新和创新能力具有不同影响。

不同类型的战略对创新和创新能力的影响也不同。一些学者从不同视角对战略进行分类，研究其对企业创新能力的影响。在企业战略中，关注企业探索，具有主动性的战略往往具有积极的创新影响。特别在高度不确定性的经营环境中，战略探索者类型的企业与战略防御者类型的企业相比，往往致力于更新的过程技术和领先的管理实践。另外，战略防御者类型的企业也认识到迎头赶上的需要，希望在近几年内引入新的过程技术。在一个变化多端的经营环境中，公司都会更强调创新。

在人力资本开发战略、产品开发战略、市场开发战略和过程开发战略对中小型制造企业创新能力的影响方面，人力资本开发战略促进创新能力的外部吸收和内部产生；产品开发战略、市场开发战略能激励对现有创新能力的有效复制并产生快速收益回报；而过程开发战略是一把"双刃剑"，既会促进外部理念的获得和融合，又会阻碍内在创新能力的开发。

企业的学习战略导向对创造力和创新具有重要影响。支持学习的战略导向是企业学习情境，指向寻求新知识和新机会的方向。学习战略导向是市场和客户导向，更强调质量和服务而不是效率和生产率。这样，企业成员为了提高产品质量和服务，就会努力从客户、供应商、竞争者等那里收集信息以促进创新，尝试新的做法和冒风险会受到鼓励。企业的学习战略导向和市场战略导向在企业面临激烈的竞争环境时更能促进企业创新。

（二）企业结构与创新

企业创新及创新能力提升依赖于一定结构，包括企业内整体结构及相关研发结构。企业结构能促进或抑制企业创新活动，因此，了解哪些企业结构对创新可能起促进作用，哪些企业结构对创新可能起抑制作用，则非常重要。

1. 企业结构要素与创新

从企业结构要素看，低正规化、宽控制幅度、分权化有利于企业创新。正式结构与非正式结构是两种相对的结构类型。正式结构是刚性的、灵活性低；非正式结构是弹性的、可变的。随着企业年限和规模的扩大，企业结构更趋于正规化、标准化和机械化，则可能会制约企业创新能力。其中，正式结构变量包括分权化、正规化、宽松的资源，非正式结构变量包括类别和重心，两个沟通环境变量包括沟通质量和接受度。研究结果表明，正式结构变量与非正式结构变量直接影响沟通环境，进而影响企业创新。该研究建议，正式结构与非正式结构可以实行共存模式。

专门化、职能差异化起积极影响的作用，这是因为专门化高，专家的多样化程度高，就会提供更大的知识库；而在一个有差异的单位中形成的联盟或团队，既会促进和引入技术系统的变革，也会影响行政制度的变革。正规化和集权化则对创新起负面作用，这是因为强调标准化和统一规则的结构会阻碍创新，而低正规化，即灵活性、不太强调工作准则、允许开放性的结构特征则鼓励新想法和新行为，从而促进创新。同样，决策权的集中则阻碍创新性解决方法，而参与性工作环境则鼓励创新。

企业结构要素对创新的作用会受到企业的一些情境因素，包括所在行业及业务特征因素的影响。分权化和正规化能提高物流服务的创新能力。正规化通常被认为对创新具有负面作用，但实证研究结果却发现，正规化对公司的物流服务的创新能力不是产生负面作用，而是积极作用。同时研究发现，专门化对物流服务的创新能力的积极影响不显著。

2. 企业整体结构与创新

从企业整体结构看，有机型、扁平化的企业结构有利于企业创新。罗宾斯认为：有机型结构可提高灵活性、适应性和跨职能工作能力，并激发创新。这种结构具有信息自由流动、宽管理跨度、分权化、低正规化等特征。在成熟的大企业中，扩大的活动范围和加长的指挥链削弱企业创新能力。

如前所述，有机型结构有利于企业创新。与有机型结构相对的机械型结构对企业创新也具有一定作用。在机械型结构中，基础性创新能力对新产品绩效的影响是负向的但不显著；但在有机型结构中，基础性创新能力对新产品绩效的影响是显著正向的。另外，在机械型结构中，渐进性创新能力对新产品绩效的影响是显著正向的；但在有机型结构中则相反，即渐进性创新能力对新产品绩效的影响是显著负向的。可见，在不同的企业结构中，渐进性产品开发与基础性产品开发对新产品绩效的影响也不同。

新兴的企业结构对企业创新起着重要作用。虚拟化企业结构有利于对创新机会的把握、创新思想和技术的扩散和传播。虚拟型学习团队对企业实施技术创新、产品创新具有较强的适用性，可以解决其外包和创新活动的需要，能够整合虚拟型团队和学习型团队的优势。通过学习型团队解决能力的缺失问题，实现资源的内聚，即通过内部学习充分利用技术等各种资源；通过虚拟型团队解决思维智障问题，打破团队内部创新的局限，实现资源的对外获取，利用外部的信息、技术等资源优势，实现优势互补与整合，达到创新的目的。

3. 研发结构与创新

作为创新基本单元的研发部门结构同样具有重要作用。对大型公司而言，研发单位之间的协同至关重要。协同创新能力有四个不同维度（战略研发协同、管理运作协同、知识管理协同和创新熟练度协同）分别与界定各研发单位间合作关系的结构变量（自主化、正规化、社会化、沟通）相关，并进一步提出协同创新能力的概念：在分布于全球的各研发单位之间，通过积累新知识或重组现有知识以获得高效的、高级别的创新能力。

（三）影响创新的人力资源管理实践

在快速变化的信息技术和经济全球化的时代，企业的竞争优势越来越依赖于有效的人力资源管理实践。人力资源管理实践不仅对企业生产力和财务绩效起重要作用，而且对员工创造力和企业创新起重要作用。

1. 培训与创新

培训作为人力资源管理的一个重要职能活动，对提升员工创造力和促进企业创新方面具有独特作用。培训能促进员工能力的开发，提高员工的知识存量。因此，培训是提高企业人力资本的重要途径。同时，培训能确保员工拥有有效履行其工作职责的基本技能。这些特征在强调创新的企业中非常重要；反之，如果一个企业不强调创新，只是关注日常工作的完成，那么这些特征就显得不那么重要。研究表明：如果培训与探索性学习相结合，所起的互动作用对创新的积极影响更显著。

研发人员作为创新的重要力量，接受与创新密切相关的培训十分重要。在研发活动中，经常会面对未曾遇到的新问题，没有现成的模式或方法可借鉴，因此，创造性地解决问题的能力就非常迫切和重要。创造性解决问题的培训对研发人员的创造力、认知类型及研发绩效有影响。该研究发现：研发人员接受解决创造性问题的培训之后，平均的研发绩效提高，创意的流动性和适应性也高于培训前，研发人员的外向认知和感受认知也得到增加。

新员工的入职引导和培训对企业创新也会产生影响。这一点往往容易被企业忽略。在入职引导活动中，通常会向员工提供有关目标、流程、规范等知识，这些引导活动会促使员工快速适应企业和工作岗位，并认识到工作目标及绩效差距。为了缩短绩效差距，满足绩效目标要求，员工可能会努力发挥自己的创造力，以弥补与目标之间的差距。另外，意识到绩效差距，员工也可能会寻找获得必要技能的机会，例如，员工可能会努力提高提出想法的能力，并提高与他人共同工作的能力，从而促使知识传播。因此，有效的入职引导活动会强调对员工的开发计划，以支持员工获得以上技能。

2. 评估、反馈、奖励与创新

在影响员工创造力、创新行为和绩效中，评估、反馈、奖励三者密切相关。

绩效评估既是企业对员工行为的一种引导，也是对员工行为的一种要求或控制。

如果企业在绩效评估中，要求评估员工是否尝试创造性活动或是否具有创新绩效，并在工作过程中给予反馈，同时对尝试创造性活动及具有实际的创造性成果的员工进行奖励。这样，员工才会切实感知到创造性行为和结果的重要性。

在绩效评估中，向员工提供绩效反馈十分重要。企业管理者应该为员工提供一种环境，使他们期望在工作中接受建设性和发展性反馈，从而为创造力的角色提供支持。为员工提供绩效反馈是管理者的主要任务之一。给予反馈对员工创造力或创新行为的激发非常重要，同时也非常困难，因为创新通常需要尝试新鲜事物并承担风险。如果员工期望得到来自企业或管理者的评估，向他们提供关于如何提升绩效的建设性信息，即支持性和负责任的信息，那么员工的内在动机和创造力往往会得到提升。因此，管理者需要加强信息提供和建设性反馈以促进员工创造力。员工也可以被给予负反馈，但是负反馈如何传递给接受者则显得非常重要。将反馈、奖励和评估紧密相连则非常关键，因此如何协调相关联的各种工作层面的情景支持成为管理者面临的一项严峻挑战。例如，如果员工的创造力得到积极评估和反馈，但是没有获得奖励，这可能让他们很困惑，从而导致其不再继续表现出创造性。同样，如果管理者提供反馈并支持尝试新鲜事物的员工，但是在评估时却不对员工的创造力进行积极评估，员工的创造性行为也会消失。或者如果管理者依据创造力评估奖励员工，但是没有给予员工进行创新活动必需的过程反馈，他们也可能会削弱自己的创造力。因此，管理者需要仔细考虑他们需要鼓励员工的哪些行为、活动和结果，并相应地为这些行为提供评估、反馈、奖励及支持。

奖励对员工创造力和创新行为产生重要影响，不同的奖励方式所起的影响作用也不同。如果员工能够创造性地完成任务，则会受到奖励；而不能完成任务则会受到惩罚。这种奖励方式会阻碍员工的创造力。奖励方式的不恰当性可能产生两种消极后果：第一，促使员工更加注重以成果为依据的外部奖励；第二，能够形成一种害怕惩罚的氛围，这样就阻碍从工作本身获得内部激励。员工由于过去的行为受到嘉奖并期待新的实践、流程或结果。由于一个企业的奖励体系可能会对创造力和创新产生显著影响，因此，重要的是，管理者需要让员工清楚知道怎样的绩效能够获得奖励。奖励可以采用物质形式，也可以采用认可或表扬等非物质形式。内在动机通常比期望获得外部奖励的外在动机更有助于促进员工创造力。奖励应当被看作对个体胜任力、尝试创造性活动以及实际的创造性成果所给予的认可。如果能够按照这些信息方式对员工进行奖励，就会对其创造力产生积极影响。

3. 人力资源管理活动的协同作用与创新

如前面所说，人力资源管理的单项活动能对员工创造力和创新行为产生重要影响。同时，人力资源管理活动之间具有相互影响，对员工创造力和企业创新产生协同作用。

人力资源管理实践的两个系列有助于企业创新。第一系列实践包括跨学科团队工作、质量小组工作、征集员工提议制度、有计划的工作轮岗、授予责任、职能整合、绩效相关的付酬;第二系列实践包括公司内部培训和公司外部培训。同时,该研究发现:这两个系列的人力资源管理实践对企业创新的作用因企业所在行业性质的不同而不同。在制造业企业,第一系列实践,即跨学科团队工作、质量小组工作、征集员工提议制度、有计划的工作轮岗、授予责任、职能整合、绩效相关的付酬等七项人力资源管理实践与企业创新绩效显著相关;在批发贸易、信息和通信技术服务业企业,第二系列实践,即公司内部培训和公司外部培训与企业创新绩效显著相关。

灵活奖励是总体报酬的一部分,即针对某个特定工作绩效达成的约定而支付的酬劳。灵活奖励的应用与探索性学习活动相结合,能对企业技术领域的创新产生积极影响。另外,该研究进一步发现,培训、入职引导、绩效评估分别与探索性学习活动相结合,能对企业产品和技术创新产生显著的互动效应,这种互动效应大于培训、入职引导、绩效评估单项活动的主效应。

人力资源管理实践在不同的经济环境中对企业战略的支持功能可能会发生变化。以往较多文献是对发达经济国家的企业人力资源管理实践功能的研究,对新兴经济体国家的企业人力资源管理功能,特别是对企业创新作用的研究尚不多。对企业创新导向的业务战略起支持作用的人力资源管理实践有学习与开发、员工参与与质量管理、绩效管理、员工福利与保障及其他人力资源管理措施五大方面,每个方面又包括若干人力资源管理活动。学习与开发部分包括培训与开发、企业学习、知识管理、领导力开发、职业生涯规划;员工参与和质量管理部分包括员工建议计划、质量小组、专业小组、问题解决团队、精益生产小组、持续改进、ISO9000、质量管理、总体生产率管理;绩效管理部分包括绩效评估、绩效相关的付酬、利润分享、基于绩效的晋升、员工认可奖励;员工福利与保障部分包括福利计划和保障举措,为员工及其家庭定期举办由雇主资助的文化活动、社交活动及体育活动等,促使员工平衡家庭与工作的关系,发展和加强员工的家庭成员与公司的联系,以提高员工的积极性和企业承诺。

三、企业文化氛围与企业创新

企业文化也是影响企业创新的重要情境因素,但与制度因素的影响方式和作用机理不同。两者在影响创新方面具有互补性作用。相比刚性和理性的企业制度因素,企业文化的作用更倾向于柔性和感性,强调企业的表达特性,通过象征、感觉、语言背后的意义、行为和人工制品以及相关环境发挥作用。

(一)促进创新的企业文化

促进创新的企业文化要素有五个方面:价值观的营造、富有创造力的人力资源、快速而负责的决策制定程序、市场导向、支持创新的企业结构。从总体上看,促进创新的企业文化形成的主要因素有战略、企业结构、支持机制、鼓励创新的行动。

战略主要指创新战略,反映在企业愿景、使命、目标中。创新战略是促进新产品、新技术、新服务的开发和实施的战略。一个企业的创造力和创新源于强调未来发展的共享愿景和使命。一个富有创造力和创新的企业愿景和使命同时也是以客户和市场为导向的，注重解决客户的问题。强调创新的企业愿景的一个例子是：我们的公司将永不停止地创新，不断创造出新的有价值的产品和服务，不断改进我们产品和服务的生产方式。与此同时，非常重要的是：企业应该让员工理解和认同支持创造力和创新的企业愿景和使命，理解愿景与现实之间的差距，因为这样能使员工做出富有创造力的行动。企业目标反映一个企业的优先权和价值观，因此，可能促进也可能抑制企业创新。注重质量胜于效果的企业目标能提升创新水平。

企业结构是指促进创新和创造力的企业结构。企业文化对企业结构和运行体系产生影响，同样企业结构也会影响和强化企业文化的特征，可促进也可抑制企业创新和创造力。在前一章关于制度因素的讨论中，通过较多文献对企业结构影响创新和创造力进行了研究，我们得出了有价值的观点。一般而言，促进创新和创造力的企业结构主要包括灵活性、自由度、合作性团队和群体互动的结构特征。企业灵活性与刚性相对应，自由度与控制相对应。灵活性与责任心和适应性不可分离。企业中的灵活性可充分利用企业成员轮岗计划，不拘泥于正式的刚性的职务说明书。自由度与自主、授权、决策速度相关联。管理层应向员工提供适当的自由度，适当授权而不是控制，以鼓励他们在工作中更富有创造力。快速的决策和反应能促进创新和创造力。合作性团队对创新和创造力的影响越来越受到重视。设计充分允许多元化的团队能使团队成员的个体才能得到互补和学习，促进创新和创造力。跨职能的团队鼓励团队成员之间互动沟通，促进技术的互补和共享，从而促进创新和创造力。

支持机制主要包括促进创新和创造力的奖励与认可、资源的可获得性、开放式沟通与共享。得到认可的行为反映企业的价值观。如果创新行为得到企业的奖励和认可，对员工行为会产生重要影响。在现实中，一些企业希望员工具有创新思想和行为，但奖励的往往是那些已被证明的、确定无疑的方法或没有任何差错的工作表现。其实那些承担风险、提出并尝试新想法的行为也应该得到奖励或认可。内在报酬，如不断提高的自主性、个人和专业成长的机会等，都能支持企业创新。另外重要的是，企业需要根据实际情况兼顾对个体和团队的奖励，而不得偏颇。管理层特别需要注意的是，哪些奖励和认可方法在具体的企业情境下能激发员工更具有创造性。

资源的可获得性是促进创新文化形成的另一个支持机制，包括时间、信息技术和富有创造力的员工。企业应向员工提供必要而充分的时间进行创造性思考问题和尝试新想法。另外，招聘、选拔、配置和保留富有创造力的员工，将有力促进创新文化的形成。管理层的价值观和信念反映在所任用的员工类型方面。在任用富有创造力的员工中，除了诸如智力、知识、风险偏好、好奇等个体特征外，重视员工的多元背景也很重要。

支持基于信任的开放和透明的沟通文化会促进创新和创造力。允许员工提出不同看法，或者疑问甚至悖论，同时需要提供一个让员工心里感到安全的环境，这样才可能产生相互信任的开放式沟通。开放式沟通政策适用于企业中个体之间、团队或部门之间，以得到新的观点或想法。开放式沟通是营造创新文化所必需的部分。

鼓励创新的行动主要包括错误或失败的处理、不断学习、提出新想法、建设性冲突处理、承担风险和支持变革等方面。企业文化中价值观和规范是以特定的行为方式促进或抑制创新和创造力的。在创新活动中，错误或失败有时不可避免。如何看待错误或失败，是掩盖、批评、惩罚，还是看作一个反思、学习的机会？容忍错误或失败是发展创新文化的一个重要因素。成功的企业奖励成功，同时也会认可错误或失败，将错误或失败作为一个讨论和学习的机会。

在企业中，提出新想法的员工如果会受到鼓励，而不是受到伤害，则会促进创新。公平评价提出的新想法也会促进创新。

企业应鼓励员工不断学习，强调具有好奇心，鼓励员工在企业内和企业外与他人进行交流，相互学习，不断更新知识和提高技能，学习创造性思考问题和解决问题；鼓励在个体、团队、企业不同层次的学习行为，共享、获取、创造和传播知识，减少企业的习惯性防卫，不断促进创新。

在工作中，尝试新的做法，就会有风险。太多的管理控制会控制风险，由此也会抑制创新和创造力。承担风险与适度监控风险则很重要。授予监控风险的职责和评估承担的风险，营造一个容忍风险或错误的氛围。在这种氛围中，错误或失败被认为是努力行动的一个部分，是学习经历。风险是成功的一个机会。

支持变革是促进创新和创造力的一种价值取向。管理层应该倡导新的或改进的工作方法，设立强调变革的目标，并表现出对变革的积极态度，以此来营造支持变革的文化。支持变革的一个例子是：当员工在每年设定年度目标时，希望员工如何改进其工作方法。

容忍冲突和建设性地支持冲突是企业中支持创新的价值取向。当不同观点、见解及信息处理和评价方法发生冲突时，处理冲突的流程和方式应该是建设性的。理解不同个体的思维方式，对建设性处理冲突方式进行培训，以营造支持创新和创造力的企业文化。

(二) 企业氛围与创新

1. 企业氛围的基本概念

企业氛围是与企业文化相交融的一个概念，两者可谓我中有你，你中有我。企业氛围是指在一个特定情境中，每个企业成员对所在环境的直接或间接的知觉。企业氛围研究者指出：个体主要是对环境的认知性解释进行反应而非对环境本身进行反应。氛围代表一种个体接收到的信号，这些信号表达企业对相关的行为及潜在行为结果的期望信息，个体利用这些信息进行解释，以阐明企业的期待和可利用的手段。它与企业文化息息相关，深植于构成文化的设想、意义、信念和价值观中，文化通过氛围所涉及的习惯和行为才得以被证实。由于企业氛围和企业文化之间非同寻常的密切关系，在一些研究中两者往往被交替使用。然而，Martin（2002）在其著作中对这两个概念进行了区分，他认为，企业氛围是以某种企业文化为基础，表现为企业中人们感知到的来自于行为、规范或政策的内部环境，较之企业文化，企业氛围更易于观察，因而有利于开展实证检验。与企业文化交融的企业氛围是影响创造力的重要企业情境因素。一些研究发现，心理安全、承担风险和挑战、建设性冲突都是营造促进创造力的企业氛围的关键因素。

2. 企业创新氛围的形成机理

由于企业创新氛围是人们感知的一种促进创新和创造力的企业工作环境，因此，它的形成既有企业的因素，也有个体因素。它是在一定企业情境下，由于企业因素与个体因素的互动作用而形成的。

企业情境因素对创新氛围的形成起着重要作用，如企业结构、分权制度、战略导向、决策参与度、领导因素、工作特征等。企业的管理行为能促进企业创新氛围的形成，这种管理行为主要是通过直接领导提供管理支持实现的。下属感知的领导创新支持对从事创新活动十分重要。这种领导创新支持包括工具性的（任务导向）和社会情感性的（关系导向的）支持，主管通过对项目提供直接帮助、对下属技术专长的开发、提升下属的内在工作动机等方式对员工的创造力产生影响。

作为企业创新氛围的感知主体，个体在企业创新氛围的形成和作用过程中具有重要影响。企业创新氛围是企业成员在人际互动以及与企业互动的过程中逐渐形成的对企业创新特性的一致认知。换言之，企业与个体的互动作用是企业创新氛围形成的主要机理。

在企业工作氛围对创新的影响过程中，人员的积极参与及主动性发挥具有重要作用。具有自主性的工作会促进员工的创造力。如果员工对分配的工作能够自己决定如何完成或以怎样的方式完成，那么员工企业承诺的实效性、员工责任感以及工作投入积极性往往会不断增强。因此，个体参与的自主性过程也是企业创新氛围形成和培育的过程。

在通常情况下，多元化的人员构成有助于创新和创造力的提升。多样化的人员结构与工作流程、互动环境相结合，将进一步促成资源的多样性以及对外界环境变换的适应性。同时，人员多样化会不可避免地导致企业内地位差异的显著化，这种地位的差异性将对企业创新氛围的形成产生消极作用。从这一角度出发，人员差异化可能不利于企业创新氛围的形成。但是，人员多样化与企业创新氛围之间的关系取决于不同情境：如果在等级制的、高度控制的企业中，人员差异性对企业创新氛围的形成产生消极影响；如果在扁平化的、灵活性的、参与式管理的企业中，人员的差异性则对创新氛围形成产生积极影响。

由此可见，企业创新氛围的形成和作用过程是企业情境因素与企业成员个体互动作用的过程。

四、领导力与创新

领导力作为影响企业创新的又一个情境因素,它既对创新和创造力起直接影响,也可和其他企业情境因素,如制度因素、文化因素、工作/任务特征等,共同影响创新和创造力,同时还可与被领导的下属个体特征共同影响创新和创造力。企业中领导力对培育和促进创新和创造力起着关键作用。

(一) 变革型领导与创新

变革型领导通过愿景、自主性、鼓励、认可和挑战来提高员工创造力的动力。个体化关怀其实是给员工的一种"鼓励",通过个体化关怀,变革型领导对员工表示出同情、关怀与支持,而这些有助于员工克服挑战现状时的恐惧,从而促使创造力的产生。智力激励则"增进探索型思考",鼓励员工挑战现状和抛弃处理事情的旧方法。领导鼓励下属重新审视问题,满足好奇心,运用想象,提出主意和解决方案。这是通过支持创新、赋予员工自主权和挑战来实现的。变革型领导通过启迪员工智力,为创造力设置一种预期,并成为员工的创造性角色楷模。变革型领导具有魅力并富有启发性,员工更乐意向这样的领导学习。在员工产生新想法的过程中,领导鼓舞精神和意志的举动给予员工鼓励。这是通过给员工注入活力,使其向着企业的愿景努力来实现的。一些实证研究也表明:变革型领导确实能正向地影响下属的创造力。变革型领导能够通过授权,鼓励下属享有自主权,运用丰富的知识和经验开发其下属的能力。这样的开发导向可提升员工的学习能力,从而提高员工创造力。

变革型领导除了可能直接对创新和创造力产生影响之外,还可能通过下属个体因素。同时,可能借助企业情境中的其他因素,或者变革型领导与个体、其他企业情境因素三者互动在一起,共同对创新和创造力产生影响。

变革型领导往往与下属个体因素相结合共同影响创新。已有研究表明:通过下属个体的心理授权、内在动机、创造性自我效能、保守倾向等共同影响员工创造力。

心理授权指人们所经历的一种心理状态或者一种认知。心理授权是授权的个体内心体验的综合体,包含意义、胜任力、自我决定以及影响四个维度。具体而言,意义指感觉自己的工作对个人来说很重要;胜任力指创造性自我效能,或者相信自己能够成功地完成任务;自我决定指对选择如何开始并完成任务的自由的感知;影响代表一个人认为自己的行为在多大程度上能够为工作成果带来贡献。变革型领导可能会增强下属的心理授权。通过因人而异的关怀,变革型领导给予下属自信,鼓励个人发展,而这些则能增进下属的心理授权。同时,变革型领导还可能通过赋予下属工作的意义和挑战以增加他们的心理授权。一方面,心理授权是创造力的重要来源;另一方面,变革型领导可通过心理授权影响创造力。

与心理授权相似,内在动机也是一个重要的个体因素。个体做出行为或完成任务的动机可能是内在的,也可能是外在的。内在动机指这样一种动机状态,员工在此状态下受任务本身所吸引，而不仅仅被完成任务可能产生的外部结果所吸引。受内在动机所激励的员工往往在认知上富有适应性，更具有意志力，因而更可能找到解决问题的多个备选方法，甚至运用非传统的方法。这些行为表明：怀有内在动机的个体更可能显示高水平的创造力。内在动机是创造力的关键元素之一。变革型领导能提升下属员工的内在动机。这是因为：当领导者成为下属的行为模范，并向下属描绘出激动人心的愿景，使下属精力充沛、超出预期地完成任务时，下属应该会十分兴奋，精力旺盛地努力工作，以达到更高目标。同时，当领导者显示出个体化关怀时，往往注重提升下属的能力，提供信息和资源，并给予下属自由行动的权利，因此受到鼓励的下属会尝试新的工作方法，独立操作，并提升思考能力。实证研究发现：内在动机能部分中介变革型领导对员工创造力的影响。

创造性自我效能是影响创造力的又一个重要个体因素。它指个体对自己有足够的知识和技能以产生创造性成果的一种信念。创造性自我效能是能够产生创造力的知识和技能，这种信念可通过提升自我胜任力的感知而培养内在动机，因此，创造性自我效能也可能反映投入创造性活动中的内在动机。变革型领导有利于下属获得创造性自我效能，这是因为：首先，变革型领导在思考和产生新的想法上具有主动性，希望员工也能展示出同样的特征而不是墨守成规。通过变革型领导的言传身教，员工会更相信自己也能提出新的想法。其次，变革型领导通过对员工进行智力激励，比如鼓励采用新方法、实施魅力型的领导行为、进行富有感染力的沟通、建立令人激动的愿景，能够有力地说服员工，让他们认为自己也富有创造力。再次，通过个体化关怀，变革型领导展现出对员工的支持和鼓励，上级的支持能够让员工相信，他们有能力产生创造性成果。最后，变革型领导在员工主动解决问题时会表达欣赏、关心和支持。总之，员工能从变革型领导中获得鼓励、指导、支持及成功的经验，长此以往，这些会增强员工的创造性自我效能。

有趣的是，变革型领导对创造力的作用会因员工的保守性价值观的不同而发生改变。保守性有助于人际以及个人与团队关系的和谐与适度发展。保守性包括传统性、遵从性、安全性。传统性指对传统文化规定的习惯和规范的承诺、尊重和接受。遵从性指对那些可能触怒或者伤害他人，违背社会预期或准则的行动、爱好和冲动的约束。安全性指社会、关系和自身的安全、和谐和稳定。因此，有着高水平保守性的个体倾向于避免扰乱已经建立的或者传统的社会秩序和等级制度，根据他们的社会角色采取行动，与人们的期望相一致，并在人际关系中推崇适度与和谐。有较高保守性的人通常能更好地对领导者的影响做出反应，因为他们更加尊重上下级的等级关系，并更可能依照他们作为下级的身份行事。保守性对变革型领导与创造力的调节作用是这样发挥的：有着较强保守性的下属，在领导启迪他们的智慧时，他们对这种启迪会更加敏感，对自己的任务更富有兴趣且能聚焦在这些任务上，能够更努力地去改变现状，会发挥想象力并想出新的更好的行事方法。同样地，当领导表现出个体化关怀时，他们对任务更感兴趣，能够表达个人观点和新想法，并以此种方式回应领导对他们的支持和发展，这些会产生高水平的创造力。由于领导自身的魅力及其对下属的鼓舞，高保守性的下属更可能在完成任务时更加专注，精力更加充沛。

（二）授权型领导与创新

1. 授权型领导的内涵

授权型领导是这样一种领导行为——它促使领导者与团队成员分享权力，并提升团队成员的工作动机。授权型领导研究始于20世纪80年代，并与自我管理研究密切相关。授权型领导强调下属的自我管理和自我领导，强调员工的自我影响过程而不是等级控制过程。因此，下属是否具备自我管理和自我领导能力是能否有效实施授权型的关键。授权型领导的意义在于，通过鼓励下属采用自我领导策略来管理与工作环境相关的行为和认知过程，以提高下属工作绩效。授权型领导主张建立自我领导行为范式，是为了促使下属采用这些自我领导策略。在一定条件下，参与式目标设定可能会比既定目标产生较高绩效。授权型领导鼓励下属设定与自我奖励相一致的目标。重要的是，授权型领导和自我领导是两个不同的概念。授权型领导力图通过行为建模、鼓励自我领导方式、个人责任、个人努力、自信、自我问题解决及对任务和职责的心理授权等途径来促使下属自我领导。

2. 授权型领导对创新的作用

授权型领导对下属个体创造力和团队创新都可能产生直接影响。通过行为示范、自身榜样的力量，授权型领导为取得更好绩效而努力，这可促使员工向授权型领导学习，以不同的方式为企业达到创新性的目标而奋斗。通过行为示范，授权型领导担任教练角色，提升员工的自信心，使团队成员能够挑战现状，提高完成任务的效率。增强团队成员的自信和能力，将有助于团队提出新想法，从而产生更多的创新性成果。通过鼓励员工参与，以及在决策时让员工感觉到享有自主权，授权型领导促使团队成员做出决定和采取行动，而不受领导者的直接干涉。因此，如果团队成员在投入某一活动中时得到授权，那么成员就可探索多种方案，而这会提升团队的创造力水平。通过提供信息和阐明期望，授权型领导向员工传达鼓舞人心的方向和与创造力相关的价值观，这会促进员工创造力的产生。最后，授权型领导通过鼓励员工自我奖励和合作，促使他们不再担心挑战现状会带来不良后果，而这些都可能提升团队创造力。

授权型领导除了可能直接影响创新和创造力之外，还可能与个体、团队等因素共同影响创新和创造力。个体因素如下属心理授权、内在动机、创造过程投入、授权角色认同、创造性自我效能等，团队因素如团队学习行为或导向，团队创造性效能、团队任务复杂性、团队领导对创造力的鼓励、团队氛围等，都可能在一定情境下与授权型领导共同影响创新和创造力。授权型领导对员工的胜任力及其取得高绩效的前景表示出信心。授权型领导会促使员工参与决策。这一过程潜在地带给员工这样一种感觉：他们可以很好地控制眼前的工作情境，并且他们自身的行为可以为工作结果带来一些不同。这些增强了员工的影响力。另外，授权角色认同正向调节授权型领导与心理授权的关系，领导对创造力的鼓励正向调节心理授权与创造性过程投入的关系，由此，研究发现一个系列的关系作用，进而作用员工创造力。

  此外，授权型领导还着力通过促进团队学习行为和提升团队创造性效能来促使团队更富有创造力。授权型领导行为，比如教练角色的扮演，能帮助团队成员界定和明确共同目标，采取适当的团队行动，鼓励团队成员互相交换信息，共同解决问题。同样，团队领导者通过鼓励团队成员坦言自己的想法和建议来促进其对决策过程的参与。那些想法和建议可影响最终决策，而那些决策又能影响整个团队，并为团队成员提供一些机会，让他们共同评估彼此的建议。授权型领导能看到个体对团队的投入，并对此表示认可和鼓励，这给团队成员提供一个互相学习的机会，促进成员之间的合作与学习。因此，授权型领导行为能促使团队成员接触多种知识和信息，创造一个促使成员共同学习、相互合作的环境。

  值得注意的是，授权型领导对创新和创造力的作用还取决于任务的复杂性。换言之，如果成员所从事的工作简单，就可能削弱授权型领导对创新的作用；反之，则强化。团队任务的复杂性是指团队成员对团队任务的困难的感知。它的特点是较多的信息处理要求，以及较少的固定步骤，需要一系列复杂而高超的技能。在简单、常规的任务环境下，团队不大需要强大的领导力，因为团队成员熟悉任务环境。然而，当任务变得复杂，创造了一个团队成员以前没有经历的崭新环境时，团队就需要领导者进行干预，并帮助团队有效地运行。团队任务的复杂性调节授权型领导与团队学习行为的关系；同样地，其与团队学习行为之间也有着更强的正向关系。当团队任务复杂性较高时，授权型领导与团队创造性效能之间有着更强的正向关系。更进一步地，由于团队学习行为与团队创造性效能中介于授权型领导与团队创造力的关系，因此，从逻辑上可以推理出，授权型领导与团队任务复杂性的正向交互作用，可以增加团队学习行为和团队创造性效能，进而促使团队创造力提升。

第五章　政府采购与企业创新机制研究

从世界范围看，充分发挥巨额政府采购资金的推动作用是扶持具有自主创新资质的高新技术产业的一条有效途径。目前西方发达国家在这方面普遍取得了较好的效果，美国、加拿大、韩国、澳大利亚、日本、英国、芬兰等国利用政府采购促进自主创新企业发展的成功经验给了我们很好的借鉴。本章尝试从比较的视角来梳理归纳发达国家政府采购促进自主创新企业发展的成功实践，并从中汲取经验教训，来指导我国促进自主创新企业发展的政府采购机制的实施。

第一节　政府采购促进企业发展的实践

这些年来，随着市场经济体制的不断完善，我国的政府采购事业也得到了迅猛发展。各个地方政府都在采用公开招标的方式使用采购资金。这主要体现在我国政府采购法规不断完善，公开招标采购方式不断强化，以及政府采购模式日渐合理等方面。

一、我国政府采购的发展

（一）立法逐步完善

我国政府采购制度始于1996年，到目前为止经历了试点、推广和立法规范三个不同的阶段。在每一个阶段，中央和地方政府都在制定和出台与采购相关的一系列法律法规，推进政府采购事业不断规范。

我国政府采购事业的试点阶段是1996—1998年。这个阶段我国政府对采购的内容、程序和具体环节在立法上做了一些有益的尝试。1996年10月，财政部组织编写了一份政府采购报告，在经济发达地区率先进行政府采购试点工作。1997年1月，深圳成为第一个颁布政府采购法规的地区。财政部基于各个地方的经验向国务院报送了《政府采购条例》，要求采购立法。1998年，国务院开始进行机构改革，明确了财政部进行采购政策拟定和管理的职能。从此，我国政府采购有了主管部门。于是，我国各个地区开始了不同程度的采购试点工作。

我国政府采购事业的推广阶段是1999—2001年。这个阶段，财政部颁布了《政府采购管理暂行办法》，在全国范围内政府采购模式得到迅猛发展。1998年，《中华人民共和国政府采购法（草案）》经全国人大常委会通过，并于2000年1月1日开始实施。2001年，我国加入世界贸易组织，为了实现加入组织时的承诺，开始启动政府采购协议的谈判。

我国政府采购的立法完善阶段是2002年至今。在这个阶段，政府采购的法律法规颁布并且实施。我国的政府采购制度开始趋向法制化和规范化，各个方面也有了较大程度的进步。在这些法律法规中，影响最大的两个法律分别是《中华人民共和国政府采购法》和《中华人民共和国招标投标法》。

（二）公开招标采购方式不断强化

在我国政府众多采购方式中，最主要的一种方式是公开招标。这种方式由于公开透明，企业可以根据相应的政策制定投标方案，因此受到各个地方政府和企业的青睐。

当然，在不同的事项上，我国政府采购的方式各不相同，各采购方式特点见表5-1。一般地，在一些重要的采购项目上，例如采购金额达到120万元的货物或者服务项目和200万元以上的工程项目，都应该采用公开招标方式。

表5-1　　　　　　　　　　　　各采购方式特点比较

采购方式	特点
公开招标	采购机关或其委托的政府采购业务代理机构以招标公告的方式邀请不特定的供应商投标
邀请招标	招标人以投标邀请书的方式邀请五个以上特定的供应商投标
竞争性采购	采购机关直接邀请三家以上供应商就采购事宜进行谈判
询价采购	采购机关对三家以上供应商提供的报价进行比较，以确保价格具有竞争性
单一来源采购	采购机关向供应商直接购买

随着我国政府采购行为的日益规范化和法制化，我国基本上形成了以公开招标为主，邀请招标、竞争性采购、询价采购、单一来源采购方式为补充的多元化采购格局。

二、我国政府采购促进企业自主创新的实践

在政府采购法规逐渐完善的推动下，我国政府的采购事业取得了长足的发展。政府采购逐渐和国际接轨，规模不断扩大，由此产生了一种由我国政府采购促进企业自主创新的制度安排格局。

在2000年，我国政府集中采购试点开始在全国展开之前，政府采购多是由各个

单位自行组织，基本上是自由采购。在这种状态下，政府采购的政策目标几乎缺乏应有的约束，各个部门盲目采购、重复采购的现象非常严重。这种分散采购不仅浪费了政府的资金，而且丧失了经济的调节功能。分散的采购对政府资金的使用效率产生了很大程度的制约。在这种情况下，促进企业自主创新是根本不可能的。各个部门在自行采购的过程中，往往各自为政，对于不同品牌的偏好也不一样，而且容易产生寻租这类非生产性行为。

我国政府已经逐渐认识到政府采购对企业发展的作用。从 2006 年开始，我国政府陆续出台多项法案，希望利用政府采购来实现对自主创新企业的扶持。当前我国政府采购促进企业自主创新产品的法案已经出台。《中华人民共和国科学技术促进法》明确规定了政府首购与订购制度。在《国家中长期科学和技术发展规划纲要（2006—2020 年）》和《〈国家中长期科学和技术发展规划纲要（2006—2020 年）〉若干配套政策》中，明确提出了促进自主创新的政府采购制度，促进政府采购的评审方法改革，给予自主创新产品一定的待遇优惠。

我国鼓励企业自主创新方面的政策措施具体来说包括以下几个方面：

第一，制定《政府采购自主创新产品目录》。建立自主创新产品认证制度，确定企业发展的认定标准与评价体系，由专家评审部门按照"三公"原则对自主创新产品进行认定，并且向全社会发布公告。政府财政部和其他相关部门在认定结果的基础上确定政府自主创新产品的采购目录，实行动态管理。

第二，实施自主创新产品的优先采购。采购产品属于采购目录中的，招标单位必须在招标文件中对资格要求明确做出规定，并确认优先采购名单，包括评审因素以及分值等。对于名单内的产品，按照招标文件设定的条款，给予一定的分值优惠，如加分或者价格扣除，实行优先采购。

第三，首购制度。所谓首购实际上是指对于那些在国内企业或者科研机构开发的暂时不具备市场竞争力，但是对国民经济的发展总体有力的产品，政府应首先采购。这种制度包含了两个方面的内容：一方面，政府对国内企业开发的具有自主知识产权的重要产品进行保护，坚持实施首购政策。另一方面，由于企业新技术开发投资的成本较高，技术应用又有一定的限制，这种情况下政府应当实施支持自主创新的政策，通过政府采购进行首购，使得企业不但可以克服商业销售的风险还可以帮助消费者认识新的产品。

第四，订购制度。所谓订购制度，实际上是指对于需要研究和开发的产品、技术和软科学课题等，应通过政府采购的方式面向全社会确定研究与开发的行为。对于那些自主创新的产品，政府应当通过公开招标的方式确定订购产品的供应商，合理设定供应商资格，包括技术水平、规模、资格等，并在招标文件中给予全面的说明。自主创新产品公开招标评审优惠内容及幅度如表 5-2 所示：

表 5-2　　　　　　　自主创新产品公开招标评审优惠内容及幅度表

公开招标评标方法		在公开招标文件中明确的评审优惠幅度
最低评标价法		给予投标价格 5%~10% 的价格扣除
综合评分法	价格评标项	给予总分值 4%~8% 的加分
	技术评标项	给予总分值 4%~8% 的加分
性价比法	投标报价	给予 4%~8% 的价格扣除
	技术评标项	增加自主创新产品评分因素

山西省科技厅、省发展改革委、省经委、省国资委联合出台的《关于促进企业技术创新——增强企业创新主体地位的实施意见》明确指出，综合运用资助、政府采购、金融等手段，对企业科技创新予以支持。相关制度也指出，要支持专利产品、吸收再创新的产品进入《山西省自主创新产品目录》。

三、美国政府采购支持企业自主创新的实践

（一）美国政府扶持企业创新的措施

对于美国政府来说，其采购的目标是围绕政府的职能展开的。一方面要为政府发展节约资金，防止因为非生产性行为而导致的政府财政资金流失；另一方面则是为了促进政府经济管理的职能实现，利用政府采购的外部性推动社会经济目标的实现。这其中就包括政府采购促进高新技术企业的发展。因此，美国政府制定了一系列的法律目标来保证这个目标的实现。

美国政府非常重视中小企业的发展，将中小企业的自由发展视作美国精神的一个组成部分。但是在争取政府采购订单的过程中，大型企业由于技术先进、规模庞大等因素，往往会形成信息垄断，进一步在政府采购的过程中挤压中小企业的生存空间。《美国产品购买法》规定，在政府采购的项目中，只要本国中小型企业供应商的报价不超过外国供应商报价的 12%，那么应优先交给本国中小企业供应商。美国地方政府为了扶持中小企业的发展，也通过了一系列优惠的计划鼓励中小企业的发展。地方政府的优惠主要表现在三个方面：一是政府采购的报价和信息披露方面，为中小企业降低竞争门槛服务，并希望扩大网络提供社会化的服务；二是降低政府采购的项目门槛，有利于中小企业的竞争；三是为中小企业开辟专门的政府采购项目。

（二）美国政府采购措施起到的效果

美国政府的采购作为公共财政支出的一个手段，不仅被广泛采用，而且也通过专门的法律确定其重要地位。美国是最早实现政府采购法制化的国家，也是最早采用政府采购渠道支持中小企业自主创新的国家。总体上说，这些手段的采用主要取得了以下这些方面的效果：

第一，美国政府采购成功支持本国产业的发展。美国的法律对国内供应商和国外供应商进行了区别对待，但是美国法律对于其他国家和地区仍然有效。在政府采购项目中，在美国商品的报价高于其他国家商品报价四分之一的情况下才能购买。

第二，成功支持了高科技产业。美国政府采购政策已经成为高科技企业发展的一个重要组成部分。在美国的法律中有专门针对技术采购的规定，这些政策促进了美国高新技术产业的发展。20世纪中期，美国的高科技产业借助于这些法律飞快发展起来。例如，1960年集成电路产品一问世就被联邦政府全部购买。早在20世纪末期，高科技企业的产品价值就已经占到美国政府采购合同的三分之一。美国政府对高新技术的采购不仅份额大，而且优先考虑本国厂商。通过各种形式的技术壁垒，提高外国厂商的供应价格，削弱他们的竞争力。通过这种方式，美国政府支持了一大批国际信息产业的巨头。

第三，成功支持了中小型科技企业。早在20世纪80年代后期，美国就有大约70%的技术创新成果是由小企业完成的。小企业的人均发明成果大约是大型企业的两倍。在产品创新、服务创新、工艺创新和管理创新中，大约有32%、38%、17%和12%的新技术是由中小企业提供的。那些大型的科技公司大多是通过这种方式发展起来的。

(三) 美国政府采购对自主创新企业的促进作用

1. 降低了高新技术产品早期进入市场的风险

前面已经提到，技术创新的发展有不同的阶段，尤其是对于高技术产品来说。因此，政府采购实施的对象主要是基于技术创新的早期阶段，帮助技术创新活动降低早期进入市场的风险。美国高新技术产业的发展成果早期往往是应用在国防和空间技术中，美国的国防部和NASA会出面采购，有效降低了这些产品早期进入市场的风险。尤其是对于那些正处于发展阶段的中小企业来说，政府采购对其生存起到了重要的辅助作用。政府采购活动也带动了这些项目的民间应用，为这些企业的发展铺平了道路。同时美国政府还根据自身的需求制定刺激这些中小型公司发展的产品策略，对高新技术企业的产品性能以及可靠性进行了重大的改进。

2. 提高高新技术企业的效益

在美国的半导体企业发展的初期，政府采购的价格往往高于商业应用价格的几倍，这实际上就是一种价格补贴方法。在政府采购合同中，美国政府提供的补贴有助于这类产品在民间推广。

美国政府除了采购有形的产品外，还采购中小型企业提供的经营合同。这个方面的典型事例就是联邦政府通过签订合同资助科学研究。事实上，美国政府自身就经营着许多大型的实验室。这些实验室通常是联邦政府负责采购，将研究与开发活动委托给大学或者私人研究机构进行。有相关的研究资料表明，从第二次世界大战结束到20世纪70年代中期，美国政府承担了全国65%的研究费用，但是仅支持了15%的研发活动，其他绝大部分由联邦政府委托给其他机构。

在政府采购的过程中，政府可以对技术创新的产品和中间研究成果进行预订式的采购，为这些科研机构或者中小型企业给予有效的市场支持，提高投资者对这个产业的信息获取能力，同时也吸引其他投资者进入这个产业，有效增强高新技术企业的再投资能力。

3. 高新技术产品向民间扩散

高新技术企业在得到由政府订单带来的利润以后，就能够大幅度地进入民用市场，通过再次研发降低产品在民用市场的价格，以扩大需求规模。这就是政府采购的溢出效应。通过在政府项目中产品可靠性和有效性的展示，民众看到这种产品能够给自己提供的便利，便开始考虑引入自己的生活。这为高新技术企业的产品市场营销打好了广告，为以后的销售带来很大的便利。

4. 刺激高新技术企业进行技术创新

在高新技术企业中，技术领先者往往需要投入大量的资源。但是由于竞争者的加入，这些已经研发的产品可能寿命极短，给这些企业收回投资带来了很大的困难。政府采购则在一定程度上保证了市场的需求，技术领先企业可以通过政府采购得来的资金沿着技术学习曲线得到较低的成本投入代价，真正从技术创新中获得收益。其他企业看到这种便利，就会争先进行技术创新，在这个领域中获得领先地位，从而获得超额利润。

从以上的论述可以看出，美国政府采用这种采购方式支持企业自主创新的经验可以归纳为以下几个方面：

第一，中小企业技术创新产品优先保护。美国政府非常重视为中小企业创造一个稳定的市场发展环境，在采购活动中偏向于保护中小企业的自主创新。

第二，美国产品优先。这不仅仅是美国总统特朗普的一个口号，而且已经获得美国政府法律的支持。美国政府采购的过程中会首先考虑本国产品，并且给予价格上的优惠和支持。

第三，支持高新技术的发展。美国政府在采购的过程中，会优先考虑到高新技术行业的发展风险，在其发展的过程中解决这些企业的后顾之忧。

对于我国政府采购来说，也可以学习美国政府的经验，为我国企业的自主创新创造一个公平有序的环境，解决企业自主创新过程中的各种问题，刺激企业自主创新。当然，我国学习美国的这种采购方式需要从我国的实际情况入手，对这种模式进行适当的改进和优化，以适应我国中小企业的发展需要。

第二节　促进创新的政府采购模式改进

从上面的论述可以看出，我国的政府采购模式和美国的采购模式都存在一定的不足，都应该进行适当的改进。下面我们依据当前社会的发展规律做出采购模式改进的讨论。

一、政府优惠政策的影响

政府采购是我国国家财政的重要构成部分,也是一种推动自主创新的有效工具。依据我国现行法律的规定,我国政府采购主要采取公开招标的方式要求不同的供应商同时出价,然后按照相应的规则选择供应商。这种接近于市场的行为使得我国一部分实力较弱的中小型企业败下阵来。为了解决这个问题,对政府经济利益进行维护,同时也促进自主创新企业的发展,政府应该颁布一些支持自主创新的政策,在公开招标的过程中给予自主创新技术优惠。但是,在政府统一采购的过程中,自主创新的政策和政府的公共服务目标之间通常存在一定的矛盾。因此,在公开招标的过程中,需要加入具有一些中国特色的创新因素,对其进行改进。

(一)基于自主创新的招投标市场模型

在市场经济条件下,当竞标者只有两人时,竞标成功者的出价函数为:

$$B = \frac{c+1}{2}$$

当竞标者有 n 位时,竞标成功者的出价函数为:

$$B = \frac{(n-1)c+1}{n}$$

现在假设政府采购面对的竞标者有不同程度的资助创新资质 θ_i,并且可以进行量化,且 $\theta_i \in [0, \theta]$。政府对企业的自主创新资质的不同认定程度,将会给予企业不同的承诺,或者是提高价格,或者是加大采购量,总之可以用函数表示为 $f(\theta_i)$。这些承诺要在竞标者成功获取标的物以后给予兑现。一般来说,企业自主创新的程度越高,政府获得的承诺就越有利于企业,即 $\frac{df(\theta_i)}{d\theta_i} > 0$。

在政府给予企业自主创新优惠以后,实际上就是依据自主创新的程度高低降低各个企业的竞标成本。在获得相关的承诺以后,企业的成本可以表示为 $C_i = c_i - f(\theta_i)$。因此,政府政策的影响可以表述为政府的承诺会影响企业的自主创新策略和出价策略。

当只有两位竞标者时:

$$B = \frac{c - f(\theta_i) + 1}{2}$$

对其求偏导可得:

$$\frac{dB}{d\theta_i} = -\frac{1}{2} \frac{df(\theta_i)}{d\theta_i} < 0$$

当有 n 位竞标者时:

$$B = \frac{(n-1)[c - f(\theta_i)] + 1}{n}$$

对其求偏导可得:

$$\frac{dB}{d\theta_i} = -\frac{n-1}{n} \frac{df(\theta_i)}{d\theta_i} < 0$$

很显然,从以上的两位竞标者和 n 位竞标者的情形,我们可以看出,自主创新资质越高,企业出价就越低。这就意味着企业的自主创新程度越高,他们就越是能够得到政府的采购优惠,竞标时可能出价也就越低。因此,自主创新策略的企业在投标中也就有越强的竞争力。这就很好地解决了企业自主创新可能受制于自身的资本规模而无法和其他大型企业相比的约束。

以上推导表明,政府的优惠程度会影响供应商的出价格局。享受优惠程度较高的供应商会提高报价,而享受优惠程度较低的企业会令报价接近于其成本价格。在这样的出价格局下,政府需做到以下几点来确保自身和社会利益的最大化。

首先,要建立完善的自主创新甄别体系。科学合理的指标体系是政府"让利"的基础,政府只有拥有完善的经过权威认证的自主创新产品与服务的信息库,才能有理有据地对企业进行让利。

其次,在建立自主创新企业甄别体系的基础上,政府应该合理地让利。这个"利"是建立在准确地度量供应商自主创新度的基础上的。之所以要合理,是因为:政府让利太高,有可能使得自主创新带来的正外部性不足以弥补政府让利,给社会福利造成一定的损失,如果优惠太少,则有可能不能转变自主创新企业在招标中的劣势地位,从而让企业由于自主创新而遭受损失。因此,政府的承诺必须把握一个度,一方面有利于企业自主创新,另一方面则有利于政府的社会福利。

(二) 谋求社会福利的最大化

应该指出的是,企业自主创新的推动政策的正向效应是多个方面的。犹如美国政府促进中小企业的发展一样,这些政策不仅可以促进自主创新企业本身的发展,还可以给商业带来正向的效应。在一家企业的自主创新活动获得了行业的高额利润之后,就会引起行业内其他企业的模仿。这样就会推进行业内技术创新的快速发展。随着过程的推移,这个行业的生产力水平会不断地提高,并且导致整个社会生产力水平的提高。

不过,对于政府来说,不可能无止境地给予自主创新企业承诺,必须要考虑到自主创新的成本。政府必须要在成本和收益面前谋求公共福利的最大化。

假设依据企业的自主创新资质,政府给予相应的承诺,但是在政府心中,标的物的公允价值是 V,那么承诺 $f(\theta_i)$ 的上限则是 V。优惠投入而产生的正向外部性 $\varphi(f(\theta_i))$ 中就有 $\frac{d\varphi}{d\theta} > 0$,因此,政府的收益可以用以下公式计算:

$$R = K\varphi(f(\theta_i))(V - f(\theta_i))$$

这个式子中政府的优惠政策效应出现了累计的效果，政府谋求的利益最大化则出现了以下的公式：

$$\frac{dR}{d\theta_i} = \frac{dR}{df}\frac{df}{d\theta_i} = Kf'(\theta)((V - f(\theta_i))\varphi'_f - \varphi) = 0$$

推出：

$$f(\theta_i) = V - \frac{\varphi}{\varphi'_f} = \varphi(V) < V$$

上述三个公式在最优化的条件下，政府对企业的优惠应该随着正向外部性的函数表达式 $\varphi(f(\theta))$ 的形式变化而有所不同，以下列出三种不同的情况：

若政府优惠的正外部性函数为 $\varphi = Jf(\theta_i)$，那么 $f(\theta_i) = \dfrac{V}{2}$

若政府优惠的正外部性函数为 $\varphi = (f(\theta_i))^n$，那么 $f(\theta_i) = \dfrac{n}{n+1}V$

若政府优惠的正外部性函数为 $\varphi = e^{f(\theta_i)}$，那么 $f(\theta_i) = V - 1$

其中，最常见的是政府优惠与正外部性成线形正比，即 $\varphi = Jf(\theta_i)$，此时政府能够对自主创新企业给出的最大优惠是自身心理价值的一半。

为了验证以上结论，我们设计仿真模拟如下：

假设政府优惠的正外部性函数为 $\varphi = Jf(\theta_i)$，则政府采购部门的总体收益是：

$$\begin{cases} R = Mf(\theta_i)(V - f(\theta_i)) \\ R|_{f(\theta_i)} = R_0 \end{cases}$$

其中第二个公式是方程的初值条件，也是政府采购部门总体收益的下限值。

取 $R_0 = 1$，$f(\theta_i)$ 从 0 开始取 0.01 为步长增加，我们分别用 $v = 150$ 与 $v = 250$ 进行了 6 000 次的仿真模拟，得到图 5-1。从图形中非常直观地发现，即便考虑到扶持自主创新企业发展的正外部性，政府采购部门的收益增加也不是完全单调递增的，收益存在着一个极值，过了该极值点，政府采购的总体收益将呈现下降趋势。

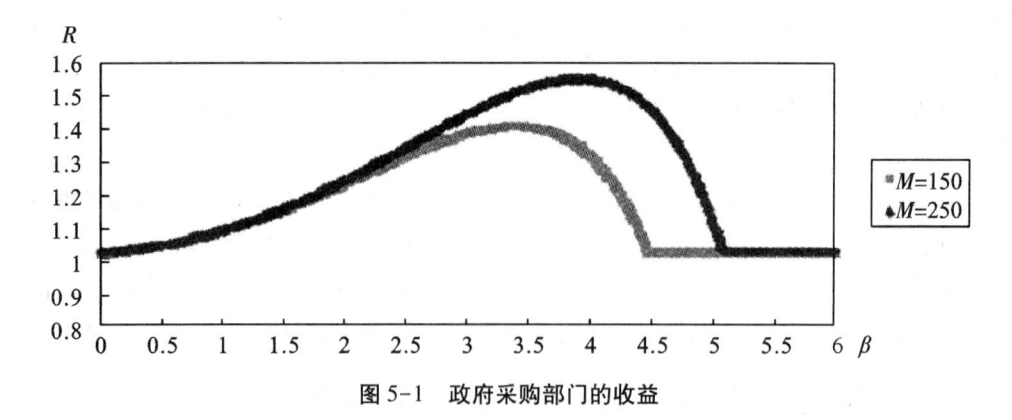

图 5-1 政府采购部门的收益

可见，政府对企业给出的优惠待遇并非无原则地让利，而是存在着最佳均衡点，在该点，政府能够实现社会福利的最大化。

二、合谋带来的伤害

在招投标的过程中，经济学家们设计的市场竞价机制非常精巧，也不乏成功运用的案例，但用于模拟现实似乎总有一定差距。尤其当参与交易过程的局中人越多时，实际成交价格越容易偏离理论价格，数理模型的拟合度越差。究其原因，合谋操纵是一个重要原因。

（一）买方合谋中的收益最大化

传统的合谋一般集中在卖方团体中，因为在博弈中，拥有资源的卖方大多具有更多的话语权与决策权。但在政府采购的过程中，客观存在的买方合谋（产品服务提供方），容易联合起来成为一个团体，可能会极大地损害卖方（采购方）的利益。

以下部分试图讨论政府采购过程中的买方合谋。与相近的文献不同，本部分的分析根据实际情况，引入了启动成本和新的价格函数。这有利于探讨合谋的存在与分析相关收益，并易于拓展到多对多的交易情形，具有更广泛的实际意义。

假设政府采购部门希望目标企业能够在提高自主创新资质方面进行激烈的竞争，并将自己能够支配的政府采购资金尽量地分配到竞争的胜出者手中。但是，多个目标企业之间却有两种不同的选择：第一种，选择相互竞争，并争取在自主创新资质的比拼中胜出而获得更多的资金支持；第二种，选择合谋，让某一家企业低成本或者无成本地胜出，获得资金支持后再由胜出者支付给妥协者一定的补偿。这两种模式的收益差异在哪儿？对政府采购部门的损害到底有多大？下面用模型进行说明。

我们可以把巨额的政府采购资金看成资源或资产，政府采购部门则是该资源的出卖方，收益是社会剩余，而产品服务的提供企业则是资产的购买方。

假设经济中有一个出卖方，有若干无差异资产待售，资产总份额为1，另有两位资产的购买者。其他符号各自代表的经济学含义如下：

$q_i \in (0, 1)$：第 i 个购买者的购买份额；

q_i^*：第 i 个购买者的最优购买份额；

$Q = q_1 + q_2$：购买方的所有购买份额；

Q^*：购买方的最优购买份额；

π_i：第 i 个购买者的收益；

W：单位份额的资产对购买方的效用；

c：购买方获得单位份额的资产后必须进行的投入；

$P = P(q_1 + q_2)$：资产的成交价，是总购买份额的函数。在资产的交易过程中，购买方若购买的份额越多，出卖方给出的价格显然越低，因此资产价格是购买份额的减函数，设 $P = \lambda e^{-Q}$，其中 λ 是大于0的比例系数。

如果购买者之间没有合谋：
$$\pi_i = (W-c)q_i - \lambda q_i e^{-(q_1+q_2)}$$
因为购买者追求各自的收益最大化，所以 π_i 对 q_i 的一阶偏导均等于 0。
$$q_1^* \in \max\pi_1 \Rightarrow$$
$$\frac{\partial \pi_1}{\partial q_1} = W - c - (1-q_1)\lambda e^{-(q_1+q_2)} = 0$$
$$(W-c)e^{(q_1+q_2)} - (1-q_1)\lambda = 0$$
$$(W-c-\lambda) + (W-c+\lambda)q_1^* + (W-c)q_2^* = 0$$

同理可得：
$$q_2^* \in \max\pi_2 \Rightarrow$$
$$\frac{\partial \pi_2}{\partial q_2} = W - c - (1-q_2)\lambda e^{-(q_1+q_2)} = 0$$
$$(W-c-\lambda) + (W-c+\lambda)q_2^* + (W-c)q_1^* = 0$$

求均衡点：
$$q_1^* = q_2^* = \frac{\lambda - (W-c)}{\lambda + 2(W-c)}$$

由此形成的总购买份额为：
$$Q_{无合谋}^* = \frac{2\lambda - 2(W-c)}{\lambda + 2(W-c)}$$

两位购买者的最优收益为：
$$\pi_1^* = \pi_2^* = \frac{\lambda - (W-c)}{\lambda + 2(W-c)}(W - c - \lambda e^{-\frac{2\lambda-2(W-c)}{\lambda+2(W-c)}})$$

在购买者各自收益最大化的前提下，购买方总的收益最大化为：
$$\pi_{有合谋}^* = \frac{2\lambda - 2(W-c)}{\lambda + 2(W-c)}(W - c - \lambda e^{-\frac{2\lambda-2(W-c)}{\lambda+2(W-c)}})$$

当购买者之间存在合谋的时候：
$$\pi = (W-c)Q - \lambda Q e^{-Q}$$
因为购买方追求收益最大化，所以 π 对 q 的一阶偏导等于 0。
$$Q^* \in \max\pi \Rightarrow$$
$$\frac{\partial \pi}{\partial Q} = W - c - (1-Q)\lambda e^{-Q} = 0$$
$$Q_{无合谋}^* = \frac{\lambda - (W-c)}{\lambda + (W-c)}$$

合谋集团的收益最优为：
$$\pi_{有合谋}^* = \frac{\lambda - (W-c)}{\lambda + (W-c)}(W - c - \lambda e^{-\frac{\lambda-(W-c)}{\lambda+(W-c)}})$$

由此得到三个结论：

$Q^*_{\text{有合谋}} < Q^*_{\text{无合谋}}$

$\pi^*_{\text{有合谋}} < \pi^*_{\text{无合谋}}$

$\pi^*_{\text{有合谋}} > \pi^*_1 = \pi^*_2$

（二）对卖方的损害

由第一个结论可得：存在合谋格局时，成交的资产份额会小于不存在合谋时的情况，说明出现了能成交却没有成交的非效率状态。

由第二个结论可得：存在合谋格局时，购买方获得的收益会要小于不存在合谋时的情况，存在合谋格局时出卖方获得的收益更多。出现该情况的原因是买卖双方共同调高了交易的成交价格，购买者之间的合谋对出卖方而言，从账面收益上看是有利的。

而第三个结论则揭示了买方合谋存在的可能性。尽管合谋后购买者获得的总收益要小于无合谋时购买者获得的总收益，但合谋后购买者获得的总收益会大于无合谋时任意单个购买者的收益，这就为合谋集团留下了利润空间。

假设有这样一种情况：合谋者甲愿向合谋者乙让渡一笔利润，以换取合谋者乙放弃争夺市场份额的承诺。只要此利润大于合谋者乙的启动成本，这笔交易对乙而言就是有利的。因为，尽管他投入启动成本有可能换得收益，但收益是需贴现且有风险溢价的，相对于甲提供的当期完全无风险收益，乙会接受后者。甲让渡的利润只要小于合谋总利润与无合谋收益之差，对于甲而言也是有利可图的。

以上合谋的可能结局是甲给了乙一笔金额，乙放弃竞争，于是甲独占了合谋格局下的全部市场份额与收益，此时甲获得的收益会大于在无合谋格局下能够获得的收益。

但是，甲设计的初始收益格局可能会落空，因为当甲对乙缺乏有效的行为约束时，这将是个不稳定的联盟。设想，乙收下甲支付的金额之后，口头承诺退出竞争而实际上并没有退出竞争，此时购买方又变成了无合谋的格局。博弈的结果是乙将得利，获得自由竞争收益和甲付来的启动成本，而甲将遭受很大的损失，不但损失了付给乙的启动成本，而且市场占有份额也下降了。

因此要增强联盟的稳定性，甲必须加大对乙的付出，只有当甲对乙的支付大于乙通过自由竞争所获得的收益时，乙才不会主动寻求其他的牟利方式。那么这笔支付从何而来？有效的方法是尽量获取更多的政府采购资金。甲获得的政府采购资金一部分用于支付给乙，让对方放弃竞争；一部分用于成本的支出；剩下的部分才可能用于自身企业的自主创新发展。对政府采购部门而言，显然资金没有发挥最大的功效，没有完全用于资助自主创新企业的发展。因此，企业间的合谋对政府采购部门来说非常不利，它需要出卖方随时保持警惕并进行及时的防范。

三、基于声誉的约束机制

政府采购部门对投标企业进行随时监控以防范可能存在的合谋,是一个旷日持久且成本高昂的过程,若能设计一个低成本的合谋防范机制,让投标企业在激励相容的前提下公平竞争,则对政府采购部门来说是一个有利的均衡格局。当存在一位卖者与多位买者时,卖方可以设计一个机制,使得竞买成功者通过该机制得到的收益要大于与他人合谋可能得到的收益。在现实经济中,声誉约束就是这样的一种非常有效的机制设计,它能帮助政府采购部门约束投标企业间可能存在的合谋行为。

本部分将声誉理论引入招投标的机制设计,建立多期的动态博弈模型,分析了在不完全信息的情况下,招标人和投标人在重复博弈中的行为策略。结果表明,声誉因素对于市场参与者而言是一个很强的约束,即使是"坏"的投标人在长期博弈中也有不进行合谋的激励。

根据亚当·斯密的观点,所有的市场参与者都是追求收益最大化的理性人,因此在科学合理的激励约束机制诱导下,不论是合谋类型的企业还是非合谋类型的企业都有可能选择合规的经营行为,从而在整个宏观经济层面上有效地体现出更强的社会责任感与道德伦理观,并最终促进消费者剩余与社会总剩余的增加。

基于声誉的约束制度是当前博弈论研究的一个前沿,许多学者研究发现,在没有声誉机制的约束情况下,即使出现好的招标行为也难以有效维持下去。但是一旦考虑到声誉,情况就会改变。由此可见,声誉是一个非常强的约束,投标人必须要考虑。在这种情况下,合谋带来的伤害会降到最低。

(一)基本假设与效用函数

在公开采购中,基于声誉的多轮循环博弈的双方是招标人和投标人。一般来说,招标的行为特征对于招标人而言是公共信息或者共同的知识。假设招标人只有一种类型,而且是一个经济理性人,总能够以自己合适的价格选择中标者,并且能够以自己的价格得到实施,承诺也会兑现。

同时,这里也假设投标人有两种类型,分别是合谋的和非合谋的。非合谋者会按照自己的成本和价格策略参与到投标环节中;而合谋者则会按照与他人的合谋活动抬高标价获得较高的利润。

投标者只清楚自己的类型,而招标者不清楚。假设每次公开招标以后,招标人都要对投标人进行评价,并且将其放在一个可以承受的评价区间之中。投标人在交易中的表现在可接受的范围内时,招标人则认为得到了正的效应,会给予好的评价;否则就给予差的评价。同时假设招标人的道德也是良好的,能够在每一次招标活动中了解到自身是否遭受了损失,也不进行恶意的评价。在这种评价方式的作用下,每一个投标者的表现都会成为公共信息存放于信息库之中,在下一期招标的过程中就会根据这些信息对投标者进行判断。

假设 V 代表合谋投标人对招标人利益的实际侵占率。b 是投标人的类型参数,当

$b=0$ 则认为投标者是非合谋型，当 $b=1$ 时投标者则是合谋型。V^E 是招标者对投标者的心理预期，代表招标者对投标者的行为判断，显然 V 与 V^E 均是大于 0 且小于 1 的。因此，投标者的效用函数如下：

$$U = -\frac{1}{2}V^2 + b(V - V^E) + K$$

上述公式中 K 是常数项，由于投标者的效用一般来说是负的，因此还应该满足 $U \geq 0$ 这一初始条件。上式中有两个问题需要说明：

第一，如果 $b=0$，也就是说上述投标者是非合谋型的。上式可以简化成为 $U = -\frac{1}{2}V^2 + K$。当 $V=0$，效用最大化的目标才能实现。这就意味着投标者不会侵占招标者的利益。

第二，当 $b=1$ 时，就是投标者为合谋型时，上式为 $U = -\frac{1}{2}V^2 + V - V^E + K$。投标者可以选择合谋，但是也可以为了实现自身长期利益的最大化把自己伪装成为非合谋者。

(二) 均衡解

对投标者来说，市场均衡解分成单期均衡解与多期均衡解两类，这直接决定了投标人在博弈中的行为选择。

1. 单期博弈的均衡解

如果上述博弈只发生一期，那么会有下面的结论：

第一，对于非合谋型的投标者来说，效用函数 $U = -\frac{1}{2}V^2 + K$，投标人选择不侵占招标者的利益时能够获得最大的利益，意味着投标人不会通过合谋获利。

第二，对于合谋的投标者来说，效用函数是 $U = -\frac{1}{2}V^2 + V - V^E + K$，由 $\frac{\partial U}{\partial V} = -V + 1$ 可以得到，当 $V=1$ 时，投标人获得最大的效用，这时候投标人的效用函数是 $U = \frac{1}{2} - V^E + K$。如果投标者不选择合谋，那么 $V=0$，投标者的效用函数是 $U = K - V^E$，小于进行合谋时的效用。于是，在单一博弈中，合谋者没有伪装的动力。因此，单一博弈中非合谋者的策略是 $V = 0$，合谋者的策略是 $V = 1$。

2. 多期博弈的均衡解

在长期博弈中，合谋者或者非合谋者的策略都会有所改变。为了说明其策略变化，做出如下假设：

假定对于投标者来说，在博弈的初期 $t=0$，投标人是非合谋者的概率为 p_0，合谋者的概率是 $1 - p_0$。

在重复博弈的阶段，令 y_t 为 t 期投标者的非合谋策略概率，x_t 为招标者认为其为非合谋类型的概率。在均衡的情况下有 $y_t = x_t$。那么在 t 期，招标者对于投标者的评价是"好评"。将上述设计的模式存入公共信息库中，依据贝叶斯法则，招标者在下期也就是 $t+1$ 阶段认为该投标者是非合谋者的后验概率是：

$$P_{t+1}(b=0 \mid V_t = 0) = \frac{p_t \times 1}{p_t \times 1 + (1-p_t) \times x_t} \geq p_t$$

其中 p_t 是 t 阶段招标者判断投标者是非合谋类型的概率。在声誉机制的作用下，如果在上期投标者没有合谋，那么招标者认为投标者是非合谋类型的概率是向上调整的。如果招标者开始合谋，那么就会成为行业内的公共信息，有下式：

$$P_{t+1}(b=0 \mid V_t = 1) = \frac{p_t \times 0}{p_t \times 0 + (1-p_t) \times x_t} = 0$$

这就说明，一旦招标者认定投标者上期合谋，那么他们在下期就会判断该投标者是合谋者。

首先考虑 $t-1$ 和 t 期的模型均衡解。在 t 期，投标者的声誉已经没有意义，合谋投标人的选择将会是 $V_t = b = 1$，招标人对投标人的侵占概率将会是 $V_t^E = V_t \times (1-p_t) = 1-p_t$，这时合谋投标人的效用水平是：

$$U_t = -\frac{1}{2}V_t^2 + b(V_t - V_t^E) + K = -\frac{1}{2} + [1-(1-p_t)] + K = p_t - \frac{1}{2} + K$$

因为 $\frac{\partial U_t}{\partial p_t} = 1 > 0$，所以合谋者的效用是声誉的增函数。这也是其在前期的博弈中积极建立声誉的成果。考虑 $t-1$ 时期合谋者的策略选择，假定合谋者的 $t-1$ 阶段没有合谋，那么招标者对投标者的预期为：

$$V_{t-1}^E = V_{t-1} \times (1-p_{t-1}) \times (1-x_{t-1}) = 1 \times (1-p_{t-1}) \times (1-x_{t-1})$$

其中 1 是最大侵占率，$1-p_{t-1}$ 是投标者为合谋者的概率，$1-x_{t-1}$ 为招标者认定投标者选择合谋的概率。假设 σ 为贴现引资，那么在 $t-1$ 阶段，投标者合谋策略实现单期效用的最大化，可以继续建立自己的声誉，把自己伪装成为非合谋者。

如果合谋者在 $t-1$ 选择合谋，那么他的总效用是：

$$U_1 = U_{t-1} + \sigma \times U_t = \left(\frac{1}{2} - V_{t-1}^E + K\right) + \sigma \times \left(K - \frac{1}{2}\right)$$

如果合谋者在 $t-1$ 期选择伪装，那么他的总效用是：

$$U_2 = U_{t-1} + \sigma \times U_t = (K - V_{t-1}^E) + \sigma \times \left(p_t - \frac{1}{2} + K\right)$$

如果 $U_2 > U_1$，也就是 $p_t \geq \frac{1}{2\sigma}$，那么 $t-1$ 期不合谋的效用会大于合谋效用，也就是合谋的投标者也有可能合规投标。在均衡情况下，招标者的预期 $x_{t-1} = y_{t-1}$，因此 $y_{t-1} = 1$ 是合谋者不进行合谋的策略。如果在 $t-1$ 阶段招标人的预期概率 $x_{t-1} \geq \frac{1}{2\sigma}$，那么合谋的投标人选择不合谋会优于合谋。因此这个博弈的纳什均衡策略是，

只要贴现因子 σ 足够大,那么合谋的投标者在 $t-1$ 期选择不合谋,在 t 期选择合谋。

如果 $p_t = \dfrac{1}{2\sigma}$,那么任何 $y_{t-1} \in [0,1]$ 都是最优的。因此将 $p_t = \dfrac{1}{2\sigma}$ 应用贝叶斯法则重新安排,将会得到:

$$y_{t-1} = x_{t-1} = \frac{(2\sigma - 1) p_{t-1}}{1 - p_{t-1}}$$

在该式中,假定 $\sigma > \dfrac{1}{2}$,则有:

$$\frac{\partial y_{t-1}}{\partial p_{t-1}} = \frac{2\sigma - 1}{(1 - p_{t-1})^2} > 0$$

也就是招标者越是认为投标者是非合谋者,合谋者选择不合谋的积极性就越高,即当 $p_{t-1} \to \dfrac{1}{2\sigma}$ 时,$y_{t-1} \to 1$。

从以上的简单分析可以看出,合谋投标者在选择 $t-1$ 阶段的对策是,眼前利益和未来利益之间存在均衡。假定招标者不知道投标者的真实类型,如果合谋者在现期选择合谋,那么他的效用是:

$$U_{t-1} = \frac{1}{2} - V_{t-1}^E + K > -V_{t-1}^E + K$$

如果被发现合谋,那么他下阶段的效用则变为:

$$U_t = -\frac{1}{2} + K < p_t - \frac{1}{2} + K$$

因此,对于投标者来说,他的策略是究竟在现阶段利用自己的声誉还是在下阶段利用自己的声誉。如果 p_{t-1} 充分大,则投标者显然会在下阶段利用自己的声誉。

容易说明的是,如果合谋者在 $T-1$ 阶段选择不合谋是最优的,那么他在所有的 $t < T-1$ 阶段都会选择不合谋。因此,在 $p_0 \geq \dfrac{1}{2\sigma}$ 时,有如下的均衡解:

在长期博弈中,投标者选择不合谋,则有下式:

$$V_0 = V_1 = V_2 = \cdots = V_{t-1} = V_t = 0$$

合谋的投标者会在 $t-1$ 期都选择不合谋:

$$V_0 = V_1 = V_2 = \cdots = V_{t-1} = 0$$

但是合谋的投标者将会在最后一期选择合谋。这时,如果招标人给出足够的激励,那么投标者也会选择不合谋。

第三节 政府采购的模式设计

在经济全球化深入发展的背景下，政府采购政策逐步从国内向国际扩展，担负着维护国家主权和增强国家竞争力的重要任务。具体来看，我国应继续学习其他国家的经验，加快构建一个功能完善的政府采购体系，服务社会发展，发挥政府的职能。基于我国现有政府职能，我们设计了以下这些采购的政策建议。

一、优化政府采购的规模和结构

当前，我国政府采购的规模快速增长。采购的项目构成也日趋合理，工程与服务类项目采购占比逐年增加，这说明我国政府采购的结构正在逐步完善。

（一）努力拓宽采购领域与采购主体范围

我国政府采购自主创新产品主要限制在办公领域。政府采购自主创新的产品则局限在市级及其以上的政府部门中，政府采购的范围狭小，主体的有限性严重。因此，在采购主体上，应将自主创新产品采购的范围逐渐扩展到县级及其以下行政部门。

另外，为了完善政府采购资金的导向作用，我国应加快扩大党政机关以及公共部门的采购范围，加快将政府购买服务这种采购方式融入采购活动中。这样不同层次、不同类型的创新产品都能够进入政府采购的领域。同时，我国应进一步扩大政府采购的规模以及政府采购过程中的支出比重，针对具体的政策措施将其落实下去。如果有可能的情况下，尽快扩展到"首台"或"首套"政策。

（二）加大对中小企业自主创新的扶持力度

从美国政府采购的政策经验可以看到，美国政府在采购的环节中对中小企业是有扶持的。在我国的相关采购制度中，我国应该明确指定出倾向于中小企业的采购操作办法，在部分采购领域中降低门槛，有倾向性地向中小企业倾斜。对于那些高科技中小企业来说，政府应当依据自己的规划，有倾向地向这些企业倾斜，结合这些企业的特点，指定细致的采购扶持政策。例如，政府可以在每年的采购中指定针对中小企业的采购比例，针对性地扶持中小企业。对于那些需要重点扶持的中小企业，可以定向、定量采购，在价格、规格、交货方式以及付款期限等方面给予一定的优惠。

二、企业自主创新的政府采购机制设计

（一）科学合理地设计自主创新的衡量标准

在政府采购活动中，对于那些具有自主创新技术的服务应该确定自主创新的标准。其中一个重要的环节是加强自主创新的权威认证，同时建立自主创新产品的信

息库。只有完善的认证,才能对自主创新的资质进行认定,保障企业的低成本运营。对于企业来说,为确保巨额的政府财政购买资金能够获得巨大的社会公共效益。一方面要保障企业本身是自主创新企业,另一方面则是要保障这些产品是自主创新产品。因此,我们认为,一个合理的标准应该从产品和企业两个角度衡量,分别构建创新产品指标体系和自主创新能力评估体系。

(二)企业自主创新产品指标的构建

目前,企业自主创新能力的评价指标体系一般归属于国家统计局设定。这个评价体系中一共设定了四个一级指标:第一是潜在的技术创新资源指标,这个指标包括企业工程技术人员数量、企业工业增加值、企业产品销售收入等方面。第二是企业技术创新活动评价指标,包括科研经费占企业产品销售收入指标、研发经费占企业产品销售收入指标等。第三是创新产出能力指标,主要包括申请专利数量占全国专利申请量比例、拥有发明专利数量、新产品销售收入占到总销售收入的比重。第四是技术创新环境指标,主要包括财政资金在科研活动中筹集比重、金融机构贷款在科研经费筹集的比重等方面。

这个指标体系的不完美之处在于将自主创新能力与技术创新能力等同,缺少了影响企业自主创新能力的其他指标。因此,本书在这个指标体系的基础上,结合自主创新能力的内涵,参考其他学者的指标评价体系,重新构建了一套指标,如表5-3所示:

表5-3 企业自主创新能力指标

创新资源指标	企业工程技术人员数量
	企业工业增加值
	企业产品销售收入
	生产设备先进水平
	产品质量水平
创新投入能力指标	研发投入强度
	研究人员投入强度
	研发培训费用
	研发设备水平
	引进和改造投入强度
	消化吸收投入强度
	开发的时间及费用
	已有技术的先进程度

表5-3(续)

创新组织管理能力指标	信息收集能力
	企业领导的创新欲望和责任心
	企业员工创新意识
	工程技术人员和技术工人的素质及状态
	创新激励机制水平
	组织文化和气氛
	创新的预测和评估能力
	与外界的研究和生产合作能力
创新产出能力指标	研发成功率
	科技论文和著作数
	申请专利数量占全国专利申请量比例
	拥有发明专利数量占全国拥有发明专利量比重
	单位研发人员的发明专利数
	单位研发经费的发明专利数
	创新产品先进程度
	新产品研发周期
	获省级及国家级科技成果奖励数
	自主开发新产品、新工艺数量
	自主品牌或驰名注册商标数量
	质量保障体系认证指数
创新环境指标	企业所处地域的信息化水平
	企业所处地域的市场竞争程度
	企业所处地域的政府部门的扶持度
	企业所处地域的金融机构的支持度

为了完成企业自主创新机制的认定方式，可以采用德尔菲法对企业资质进行评价，建立一套管理专家和技术专家为主体的多阶层评价体系，筛选专家对自主创新的不同表现特点所进行的阶梯评价，再从评价中提炼多维或者更加简单的结论，为科技管理部门决策提供参考。

(三) 完善促进自主创新企业发展的招投标制度

依据我国的相关法律规定，政府采购的主要方式应该是公开招标。但是在实际操作中，往往会根据不同的目的和不同的招标对象建立不同的招标方式。

1. 建立多层招标体系

当前我国政府采购的项目非常多，具体来说，应当依据实际情况进行分层次招投标。这个做法不仅符合自主创新的决策要求，而且也能够非常有效地发挥自主创新的促进作用，具体来说，分层次招标制度可以按照下面的方法设计。

第一个层次，国外厂商具有绝对技术优势的产品和服务，可以采用全球公开招标的模式扩大招标的范围，如果竞标者过少、竞争不激烈，那么可以尝试推行双边叫价的方式，挖掘公正的市场交易价格。但是，应该将国内同行企业的参与作为一个附加条件，力争实现技术引进，而不是仅仅得到现成的产品。

第二个层次，如果国内外厂商的技术差距不大，则应该鼓励国内企业与国外企业竞争，在机制制定和优惠政策等方面给予资本薄弱的企业一定的倾斜。技术条件近似的情况下可以采用具有自主创新特质的国内企业。但是倾斜政策的制定不应成为保护国内企业、让国内企业疏于竞争的理由，应该利用国内竞争的方法推动国内企业走向成熟。

第三个层次，国内厂商在同国际厂商竞争中具备一定优势的时候，可以坚决执行仅面向国内企业的公开招标，政府这个时候不能因为主观偏好而执行歧视性政策。通过严格的选择，将最为具备获利条件的企业选择出来。

2. 引入两阶段招标制度

对于具有重大技术创新的产品，在公开招标的采购人员由于不具备专业知识而造成判断失误的情况下，可以采用专家判断的方法。在尚未和供应商进行谈判之前，采购机构需要协商获取相关的技术规范。因此，应将技术和价格分开，采用两个阶段的招标方法。第一个阶段，采购机构可以就采购标的的必要性条件征求建议，并且同投标的商家商定拟采用的采购技术规范。第二个阶段，采购机构可以依据第一个阶段的技术规范进行正常的招标，邀请合格的投标商就合同价款在内的条件进行招投标。两阶段的招标方法在技术招标的时候能够吸引更多的招标机构参与，可以更加准确地遇见技术的发展方向，从而确定创新产品的资质，并且在价格招标的时候通过公开招标的方式降低采购成本。当前，我国政府招标法规所确定的招标方式中并没有确定这种招标方法，可以在今后的招标中引入。

3. 完善政府采购的评价体系

在传统的评价方法中，自主创新的产品有可能处于劣势，对自主创新企业不利，因此必须对这种方法进行改进。具体来说，可以做如下尝试：

第一，价格扣除评价方法。这种方法是指对于自主创新的产品，可依据其技术含量和市场竞争等方面的指标，在做出一定的价格扣除之后，再运用最低的评价方法进行评价。也就是说，只要是自主创新的企业报价之后，凡是不高于一般企业报价，都可以优先获得采购的合同。

第二，增加权重法。对于那些以综合方式进行评标的项目，可以适当增加评标的权重，并且规定自主创新因素的权重值，提高自主创新产品的中标率。

第三，采用竞争性谈判招标方法。对于自主创新技术含量较高、具有较大社会意义或者经济意义的产品，政府可以采取非公开招标方式进行采购，将合同授予具有自主创新能力的企业。

第四，综合效益评定方法。一般来说，政府采购部门倾向于将政府采购合同给予那些低成本和低风险的供应商。这样可以降低政府采购过程中的风险。然而，对于自主创新产品来说，这种方法则是不合适的。如果仍然固守传统的评价方法，自主创新企业的支持自然无从谈起。因此，在做出促进科技创新的采购决策时，应该综合考虑，将取得成本、运作成本和处置成本都考虑进去，采用多样化的标准评价最低成本。多样化标准的确定，需要赋予价格和非价格因素相应的权重。在具体的操作过程中，评价的因素可以划分为成本、质量和技术等方面的因素，并分别给予权重。对于特定的一些项目必须要建立强制性标准，实行一票否决制。选择性因素可以在评审中确定，但是因为这个方面的因素导致的额外成本也应该考虑进去。

（四）建立反合谋操纵的防范机制

从前面的论述可以看出，合谋对于自主创新采购方式的危害很大，对于这种情况，必须要采取一定的措施予以制止。在招投标采购中，建立有效的防范机制可以从以下几个方面入手：

第一，加强对关键局中人的监管。关键局中人能够左右招标的方向，对招标的影响非常巨大。因此应提高关键局中人的正常工作收入，降低其对非生产性行为的影响。同时也可以采用加大罚款力度的方式，增加对关键局中人的制约。加大处罚的概率，阻止违规的进一步蔓延。

具体来说，在对合谋操纵的防范中，政府的职能部门应加大监管力度，并贯穿于政府采购活动的始终，实现各个参与主体之间的相互监督，以此建立一个全面、广泛和刚性的法律监督机制，加大他们违法的机会成本。建立举报奖励制度和信息公开制度，实现内外监督的有机结合。当然，政府应加强预算采购制度的建立，加强政府采购计划的约束力度。

第二，设置独立的交易主持人。为了减少人为因素的干扰，降低关键局中人对政府采购招标的影响，防止非生产性活动破坏招标的公平性，应实现招标主持人的独立化。一方面，可以尝试让第三方来主持招标交易活动。第三方在招投标活动中和各个方面的主体并没有直接的利益关系，对招投标活动的评价相对来说较为公允。因此，这种主持方式能够比较有利于贯彻招投标的政策。在条件允许的情况下，政府应不断完善专家库，充分发挥德尔菲方法在评标工作中的作用，尤其是对一些技术水平较高、影响较大项目的采购，利用专家的意见对采购的质量、价格和服务情况进行判断，保证政府采购工作的科学性、权威性、公正性和严谨性。为了保证采购工作的科学性与客观性，减少合谋的可能，在确保专家在评审工作中独立性的同时，应建立可以操作的专家聘用、监督、考核、处罚和退出等机制。

第三，建立声誉约束机制。基于前面的分析，声誉能够给招投标的参与者以较大的约束。在信息社会的作用下，招投标的参与者信息能够很快在网络上公开，招投标者的声誉也能够很快为社会公众所熟悉。一个有效而且健全的声誉机制能够规范和引导投标的行为，对投标者产生极大的约束。站在这个理论依据上，我们可以考虑建立一个信息全面的供应商数据库，全面反映供应商的声誉，对其进行定期的动态评估，并且将其和其他信息系统联合起来，从信誉中去规范不同企业的行为。对于那些信誉不佳的厂商，要坚决将其从数据库中清除。对于采购中弄虚作假、以次充好、串标围标等厂商要进行信用记录，并且给予严厉的处罚，限制其在一定时期内不能进入政府采购市场，甚至吊销其资格证书。

总之，对于我国企业自主创新来说，政府采购是一个非常重要的支持方式，如果能够妥善利用，那么将会产生良好的社会效应。总体上看，政府应给予那些技术上较为前沿的厂商一定的优惠，利用政府采购扶持其发展，帮助其度过技术风险期，使其能够成功进入一个商业应用期。

第六章 政府资助与企业创新机制研究

对企业创新来说，政府资助的作用非常突出。但是问题也非常突出，对于一般性企业来说，政府资助的主要问题在于如何在多层级的委托-代理关系中形成有效创新，从而推动企业的发展与政府公共服务的外部性扩展。

第一节 政府资助企业创新的现状分析

我国企业在规模、技术和绩效等方面存在较大的不同，政府资助提高企业技术创新能力的作用也存在明显的差异。因此，在进行实证分析之前，首先应对当前政府资助企业的现状以及可能存在的问题进行分析，说明不同企业吸收政府资金的差异性。

一、政府资助企业创新的现状

（一）企业接受政府资助后进行创新的效果

这些年我国企业有了突飞猛进的发展，全国大中型工业企业技术创新有了明显的上升趋势，创新产出的增速也很高，达到了20%以上。这在一定程度上说明政府对企业创新的资助有较好的表现，而且外部性表现较好。

我国政府技术引进经费近年来总体上呈现出上升趋势，与之相关的技术吸收经费也呈现出稳步增长的势头。其他发达国家的经验表明，一个企业消化吸收外来技术的经费应该达到技术引进经费的三倍以上，这样企业的技术消化吸收才能有效果。日本与韩国过去成功的经验就表明了这一点。从我国现在实践经验来看，我国技术消化吸收的效果依然有些差。这种状态对于企业未来的发展来说具有明显的隐患。如果只是技术引进，而不重视消化吸收，那么长此以往我国就会过分依赖外国的技术，这对于我国自身的技术创新发展不利。

(二) 接受政府资助后企业创新存在明显的差异

在大小两个不同类别的企业中,政府资助企业创新的效果存在明显的不同。从企业规模来看,规模较大的企业在接受政府资助以后,在1998—2015年生产的新产品销售收入占行业资助金额的总比重为77.3%~84.3%。而小企业的新产品销售收入则只占到行业资助比重的15.7%~22.7%。从新产品销售来看,大企业获得政府创新资助的效果优于小企业。从企业绩效的方面来看,具有较高绩效的企业新产品销售比重则低于那些绩效较低的企业新产品销售比重,绩效较低的企业获得的资助总额略低。在技术水平创新方面,技术水平较高的行业获得了较高的新产品销售收入比重,达到了89.1%~92.1%。技术水平较低行业所占的比重则仅仅为7.9%~10.9%。两者的差距较大。上面这些对比说明一个事实,对于具有较为成熟的技术创新企业来说,得到政府资助之后往往能够很快速地进行技术创新,形成的产品也更容易为社会所认可。所谓较为成熟的技术创新企业往往是指大企业、技术水平高的企业,与企业的绩效水平没有太大的关联。这说明对于技术创新来说,政府应该将重点放在技术密集型的大企业。但是这有可能对小企业造成不公。具体实践中,还应该对技术创新进行新的评估。

二、政府资助企业技术创新过程中的问题

通过对政府资助企业创新的分析来看,现阶段我国政府资助企业技术创新在以下几个方面存在明显的问题。

(一) 政府创新拨款中存在较为明显的门槛效应

这些年,我国政府资助企业创新的经费投入在不断加大。但是从企业创新的总体经费来源来看,企业的主体地位仍然非常突出,政府创新经费的投入比例仍然较低。这种现状和我国的GDP总量以及增长速度是不相适应的。如果这种状态长期存在,未来一段较长的时期内,我国社会创新能力会明显缺乏,不利于我国社会经济的总体增长。从我国政府创新资助的分配比例上看,一般情况下企业规模越大,企业的技术水平越高,国有产权比重越大,获得的政府资助也就越多。由此可见,政府的创新资助具有明显的偏好性,那些较大的企业往往具有较好的接受资助条件。前面已经提到,这对我国的中小企业发展来说是不公平的。而且国有企业的一个较为严重的问题是,产权不明也严重制约了其技术创新能力的发挥。我国的中小企业大多是依赖自身已有的专利发明优势,从事技术创新。这种创新方式,虽然短时期内能够获得一定的生存机会,但是从长期来看,不能跟上我国社会发展的进步。

(二) 政府资助的机制有待优化

近些年来,我国政府对企业创新越来越重视,提出了"大众创业、万众创新"的口号,号召全社会都投入创新中。但是从政府资助企业技术创新的实际效果来看,我国政府的拨款具有明显的行政化色彩,政府掌握大量的资源,却没有和当前的市场对接,没有发挥这些资源对社会进步的推动作用。

从光伏产业来看，2011—2013年光伏产业成为我国的新型产业，披着绿色产业的外衣，与我国的科学发展观非常匹配。以无锡尚德为代表的光伏企业在这个阶段获得了政府的大量资助。山西省也投入对光伏产业的支持中，采取了价格扶持、资金扶持和引导金融机构共同扶持的方式对企业的技术创新进行了资助。然而，就在光伏产业大举进军的同时，我国光伏产业的发展面临着巨大的危机。无锡尚德巨额债务缠身，大量产品积压，最终在2013年宣布破产。对于这一独特的案例来说，有企业自身的管理缺陷，但也无形中显示了政府对产业的强势催熟，导致企业陷入过快发展的危机之中。地方政府在光伏产业的发展中可以调集大量的资源，帮助本地区的光伏企业形成竞争优势。这在一定程度上带来了反面的作用。欧美国家看到地方政府的行为，马上就采取了"双反"措施，给光伏产业的发展带来了沉重的打击。各个地方政府的强势支持，也扭曲了一部分企业的发展心态，造成了严重的资源浪费与产能过剩。具体来说，各个地方政府在制定扶持政策的时候，并没有鼓励企业进行技术创新，只要是光伏企业生产的产品都可以得到政府的直接资助。政府对企业的支持没有细化，光伏企业鱼龙混杂，一些技术含量不高的企业积极"响应"政府的政策，投入光伏产业中。企业的盲目投资破坏了这个行业的优良发展。部分地方政府为了政绩，依靠优惠政策吸引企业投资，加剧了这个行业的恶性竞争，同时也降低了企业的风险意识。

三、政府资助企业技术创新中存在问题的原因

从以上的分析可以看出，即便是拿钱给企业发展这样一件事情来说，也存在两面性。政府对企业创新的资助作用非常有限，并且这个资助效果在不同的行业之间存在较大的差异。导致这个差异的问题主要有以下几个方面：

第一，在政府的层面，总体上资助不足，政府经费投入不够。社会的技术创新主要是依靠企业。这些资助不足的资金，大部分还是投放在企业的"锦上添花"的项目中。企业将这些资金投入现有产品的完善中。真正投入到新产品开发的项目只有24%。而且，对于新产品的研发来说，也往往倾向于短期效应，对于那些具有长期性的项目，研发投入很不够。

第二，由于企业的吸收能力不同，政府的资助偏好会对企业的资助效果产生较大的影响。企业消化吸收经费的投入水平较低，相当一部分企业用于技术引进的经费支出远远大于用于消化吸收的费用支出。企业在技术研发过程中通常需要考虑政府的偏好，考虑选择什么样的项目才能吸引政府的资助。企业的决策往往要和政府颁布的政策相关。对于那些大企业来说，这个方面影响不大。因为大企业经营的项目大而全，容易得到政府资助政策的支持。而小企业则要"船小好掉头"，获得政府资金的支持。但是在慌慌张张的筹备中，小企业也往往难以符合政府的政策要求，最后竹篮打水一场空。政府指挥棒的作用引导企业盲目投资，严重降低了资金的社会发展效率。

综合政府和企业的实际情况来看,政府的引导和不同类型企业的能力不能匹配起来。在决策的过程中,政府从整个行业的发展现状入手。对于一些行业内的大型企业来说,更容易受到政府的关注;而对于小型企业来说,则相对有些困难。但是政府并没有考虑到企业的类型以及技术水平。那些发展能力较为突出的小企业在这场博弈之中往往会被遗忘。政府的资助政策过于粗放,没有考虑到行业内部的企业规模结构是其效率低下的另外一个原因。

第二节 政府资助企业创新的微观实证分析

本书在综合 2009—2014 中国 30 个省市的数据上进行了相关的研究。这个研究在因变量上有企业研发投入和产出两个维度。在具体分析过程中,本书建立了两个数理模型,一个是政府资助与企业研发投入的关系模型,研究政府资助对企业产出的带动或者抑制效应;另一个是政府投入与企业研发产出之间的关系模型,主要研究政府资助企业研发的作用。现在分别对两个模型进行梳理和构建。

一、政府资助对企业研发的面板模型

(一)政府资助对企业研发投入的影响

在其他研究政府资助对企业研发投入的影响中,众多学者常用的方法是将企业研发投入作为因变量,将政府资助作为自变量进行关系研究。本书也沿用这个方法,构建下面的模型:

$$\ln R_{it} = c + \alpha D_t + \beta \ln G_{it} + \eta_i + \varepsilon_{it} \tag{1}$$

在上述公式中:

R 为企业研发投入总量;

D 为时间变量;

G 为政府研发资助;

α 为时间变量的系数(估计);

β 为政府科技资助变量的估计系数;

i 为省(市);

t 为时间;

η_i 为不随时间改变的区域效应;

c 为常数项;

ε_{it} 为随机误差项。

有学者在研究中考虑到了企业自身因素对资助效果的交叉影响,并将其应用在了科技资助的交互项目中。本书为了区分企业自身因素对产出的影响效果,也添加了这些方面的研究,并且增加了知识产权法保护强度的因素,探讨政府资助、知识

产权保护和技术外部性之间的关系因素，得到下面的公式：

$$\ln R_{it} = c + \alpha D_t + \beta \ln G_{it} + \gamma_1 \ln(G_{it} \times I_{it}) + \eta_i + \varepsilon_{it} \qquad (1.1)$$

$$\ln R_{it} = c + \alpha D_t + \beta \ln G_{it} + \gamma_2 \ln(G_{it} \times K_{it}) + \eta_i + \varepsilon_{it} \qquad (1.2)$$

$$\ln R_{it} = c + \alpha D_t + \beta \ln G_{it} + \gamma_3 \ln(G_{it} \times S_{it}) + \eta_i + \varepsilon_{it} \qquad (1.3)$$

$$\ln R_{it} = c + \alpha D_t + \beta \ln G_{it} + \gamma_4 \ln(G_{it} \times O_{it}) + \eta_i + \varepsilon_{it} \qquad (1.4)$$

$$\ln R_{it} = c + \alpha D_t + \beta \ln G_{it} + \gamma_5 \ln(G_{it} \times \ln Z_{it}) + \eta_i + \varepsilon_{it} \qquad (1.5)$$

在以上公式中，其中：

I_{it} 为知识产权保护强度；

K_{it} 为企业研发存量；

S_{it} 是企业的规模；

O_{it} 是企业的产权类型；

Z_{it} 是企业知识存量。

在上述公式中，如果交互为正，则表明这一因素对政府资助有正向的交互作用；如果为负，则说明有负向的交互作用。

（二）政府科技资助对企业研发产出的影响模型

其他学者对政府资助企业研发的影响，大多是通过柯布—道格拉斯函数对企业研发产出进行研究。本书也采用这个方法，并且将政府资助引入模型之中，得到下面的公式：

$$Y_{it} = A K_{it}^{\delta} L_{it}^{\lambda} G_{it}^{\beta} e^{\eta_i + \varepsilon_{it}}$$

对上述公式进行数学处理，取自然对数，得到基本模型公式（2）：

$$\ln Y_{it} = c + \alpha D_t + \delta \ln K_{it} + \lambda \ln L_{it} + \beta \ln G_{it} + \eta_i + \varepsilon_{it} \qquad (2)$$

其中：

Y_{it} 为企业自身研发产出；

L_{it} 为企业研发人员数量；

δ, λ 为变量的系数；

其他项与模型（1）中的含义相同。

本书在模型（2）中增加了区域的知识产权保护强度 I、企业创新存量 K、企业规模 S、产权类型 O 等方面因素和政府资助的交互项，以研究这些项的影响，得到下面的公式：

$$\ln Y_{it} = c + \alpha D_t + \delta \ln K_{it} + \lambda \ln L_{it} + \beta \ln G_{it} + \gamma_1 \ln(G_{it} \times I_{it}) + \eta_i + \varepsilon_{it} \qquad (2.1)$$

$$\ln Y_{it} = c + \alpha D_t + \delta \ln K_{it} + \lambda \ln L_{it} + \beta \ln G_{it} + \gamma_2 \ln(G_{it} \times K_{it}) + \eta_i + \varepsilon_{it} \qquad (2.2)$$

$$\ln Y_{it} = c + \alpha D_t + \delta \ln K_{it} + \lambda \ln L_{it} + \beta \ln G_{it} + \gamma_3 \ln(G_{it} \times S_{it}) + \eta_i + \varepsilon_{it} \qquad (2.3)$$

$$\ln Y_{it} = c + \alpha D_t + \delta \ln K_{it} + \lambda \ln L_{it} + \beta \ln G_{it} + \gamma_4 \ln(G_{it} \times O_{it}) + \eta_i + \varepsilon_{it} \qquad (2.4)$$

$$\ln Y_{it} = c + \alpha D_t + \delta \ln K_{it} + \lambda \ln L_{it} + \beta \ln G_{it} + \gamma_5 \ln(G_{it} \times \ln Z_{it}) + \eta_i + \varepsilon_{it} \qquad (2.5)$$

上述公式的交互项含义同模型（1）中的含义相同。

（三）关于因变量和自变量的说明

为了更加全面地测量政府资助对企业研发的影响，本书对因变量和自变量进行了新的研究，选取了三个指标对其进行验证。因此，本书的创新之处在于三个自变量（政府部门的直接资金支持、研发费用加计扣除和高新技术企业减免）以及一个调节变量（知识产权保护强度）选取上。在以往的研究基础上，这些方面还没有人进行尝试，本书通过传统模型检验这些变量，因此得到以下 9 个相关的模型：

$$\ln y_{1it} = c + \alpha D_t + \beta_1 \ln F_{it} + \beta_2 \ln T_{1it} + \beta_3 \ln T_{2it} + \gamma_1 (\ln F_{it} \times I_{it}) + \gamma_2 (\ln F_{it} \times K_{it}) + \gamma_3 (\ln F_{it} \times S_{it}) + \gamma_4 (\ln F_{it} \times O_{it}) + \gamma_5 (\ln F_{it} \times Z_{it}) + \eta_i + \varepsilon_{it}$$

$$\ln y_{1it} = c + \alpha D_t + \beta_1 \ln F_{it} + \beta_2 \ln T_{1it} + \beta_3 \ln T_{2it} + \gamma_1 (\ln T_{1it} \times I_{it}) + \gamma_2 (\ln T_{1it} \times K_{it}) + \gamma_3 (\ln T_{1it} \times S_{it}) + \gamma_4 (\ln T_{1it} \times O_{it}) + \gamma_5 (\ln T_{1it} \times Z_{it}) + \eta_i + \varepsilon_{it}$$

$$\ln y_{1it} = c + \alpha D_t + \beta_1 \ln F_{it} + \beta_2 \ln T_{1it} + \beta_3 \ln T_{2it} + \gamma_1 (\ln T_{2it} \times I_{it}) + \gamma_2 (\ln T_{2it} \times K_{it}) + \gamma_3 (\ln T_{2it} \times S_{it}) + \gamma_4 (\ln T_{2it} \times O_{it}) + \gamma_5 (\ln T_{2it} \times Z_{it}) + \eta_i + \varepsilon_{it}$$

$$\ln y_{2it} = c + \alpha D_t + \beta_1 \ln F_{it} + \beta_2 \ln T_{1it} + \beta_3 \ln T_{2it} + \beta_4 \ln K + \beta_4 \ln L + \gamma_1 (\ln F_{it} \times I_{it}) + \gamma_2 (\ln F_{it} \times K_{it}) + \gamma_3 (\ln F_{it} \times S_{it}) + \gamma_4 (\ln F_{it} \times O_{it}) + \gamma_5 (\ln F_{it} \times Z_{it}) + \eta_i + \varepsilon_{it}$$

$$\ln y_{2it} = c + \alpha D_t + \beta_1 \ln F_{it} + \beta_2 \ln T_{1it} + \beta_3 \ln T_{2it} + \beta_4 \ln K + \beta_4 \ln L + \gamma_1 (\ln T_{1it} \times I_{it}) + \gamma_2 (\ln T_{1it} \times K_{it}) + \gamma_3 (\ln T_{1it} \times S_{it}) + \gamma_4 (\ln T_{1it} \times O_{it}) + \gamma_5 (\ln T_{1it} \times Z_{it}) + \eta_i + \varepsilon_{it}$$

$$\ln y_{2it} = c + \alpha D_t + \beta_1 \ln F_{it} + \beta_2 \ln T_{1it} + \beta_3 \ln T_{2it} + \beta_4 \ln K + \beta_4 \ln L + \gamma_1 (\ln T_{2it} \times I_{it}) + \gamma_2 (\ln T_{2it} \times K_{it}) + \gamma_3 (\ln T_{2it} \times S_{it}) + \gamma_4 (\ln T_{2it} \times O_{it}) + \gamma_5 (\ln T_{2it} \times Z_{it}) + \eta_i + \varepsilon_{it}$$

$$\ln y_{3it} = c + \alpha D_t + \beta_1 \ln F_{it} + \beta_2 \ln T_{1it} + \beta_3 \ln T_{2it} + \beta_4 \ln K + \beta_4 \ln L + \gamma_1 (\ln F_{it} \times I_{it}) + \gamma_2 (\ln F_{it} \times K_{it}) + \gamma_3 (\ln F_{it} \times S_{it}) + \gamma_4 (\ln F_{it} \times O_{it}) + \gamma_5 (\ln F_{it} \times Z_{it}) + \eta_i + \varepsilon_{it}$$

$$\ln y_{3it} = c + \alpha D_t + \beta_1 \ln F_{it} + \beta_2 \ln T_{1it} + \beta_3 \ln T_{2it} + \beta_4 \ln K + \beta_4 \ln L + \gamma_1 (\ln T_{1it} \times I_{it}) + \gamma_2 (\ln T_{1it} \times K_{it}) + \gamma_3 (\ln T_{1it} \times S_{it}) + \gamma_4 (\ln T_{1it} \times O_{it}) + \gamma_5 (\ln T_{1it} \times Z_{it}) + \eta_i + \varepsilon_{it}$$

$$\ln y_{3it} = c + \alpha D_t + \beta_1 \ln F_{it} + \beta_2 \ln T_{1it} + \beta_3 \ln T_{2it} + \beta_4 \ln K + \beta_4 \ln L + \gamma_1 (\ln T_{2it} \times I_{it}) + \gamma_2 (\ln T_{2it} \times K_{it}) + \gamma_3 (\ln T_{2it} \times S_{it}) + \gamma_4 (\ln T_{2it} \times O_{it}) + \gamma_5 (\ln T_{2it} \times Z_{it}) + \eta_i + \varepsilon_{it}$$

二、面板模型与方法设计

从前面的分析可以看到，学者对于中国企业的研发活动研究大多是采用总量时间序列进行计量。这些研究的共同问题在于总量时间序列数据的样本量不足，计量的结果也难以得到检验。本书在之前学者的研究结论基础上，对上面三个自变量的研究截取了 6 年的样本，虽然也难以克服样本总量不足的问题，但是使用了混合截面数据的方法进行研究。这种研究方法能够较大程度上克服国内研究存在的样本不足问题，力图得出可信的研究结论。从混合截面数据的使用方法来说，可以用最小二乘法进行估计。本书采用 Eviews6.0 软件建立回归方程的方法进行统计检验。

三、相关变量及说明

相关变量的设定与说明如表 6-1 所示：

表 6-1　　　　　　　　　　相关变量的设定与说明

类型	名称	符号	单位	变量说明
因变量	企业研发投入	y_1	万元	各区域经费内部支出中的企业资金，运用价格指数折算为以 2009 年为基期的投入
因变量	企业研发产出	y_2	万元	各区域新产品销售收入，运用工业品出厂价格指数折算为以 2009 年为基期的实际收入
		y_3	件	各区域专利申请数
自变量	政府直接资助	F	万元	各区域使用来自政府部门的科技活动资金，运用价格指数折算为以 2009 年为基期的直接资助
自变量	政府间接资助	T_1	万元	各区域政府部门对研究开发费用加计扣除减免税，价格指数折算以 2009 年为基期
		T_2	万元	各区域政府部门对高新技术企业减免税，价格指数折算以 2009 年为基期
调节变量	知识产权保护强度	I	1	用 G-P 法计算各区域知识产权保护强度
调节变量	研发资本存量	K	万元	用永续盘存法将各区域研发经费内部支出转让为资本存量
调节变量	企业规模	S	万元/个	各区域主营业务收入除以企业数，其中主营业务收入需按工业品出厂价格指数进行折算
调节变量	产权类型	O	1	国有及国有控股企业当年主营业务收入除以各区当年主营业务收入
调节变量	知识存量	Z	人/个	各区域研发人员数除以各区企业数

四、统计数据的获取与说明

本书的统计数据来自 2009—2014 年的《中国工业企业科技活动统计年鉴》。必须指出的是，在计算知识产权保护强度时，我们选取了《中国统计年鉴》和《中国律师年鉴》。人均 GDP、识字率来自《中国统计年鉴》，律师数来自《中国律师年鉴》。研发存量的计算中需要选取出厂价格指数、消费价格指数和固定资产投资价格指数三个指标,这些都来自《中国统计年鉴》。

本书的数据筛选掉了西藏自治区的数据。因此,本书有6年30个省(市)的数据。本书研究的关键变量从2009年才有全部的统计,因此在有限的容量样本下,本书力求数据分析的有效性。

五、回归分析与讨论

(一)政府资助对企业研发投入的影响

首先,应用基本模型对政府直接资助影响企业研发投入的结果进行分析。这个结果如表6-2所示。在表6-2中,列3.1将政府的资助作为单因子变量进行回归估计,列3.2~3.6则是依次加入知识产权保护强度、研发存量、企业规模、产权类型以及知识存量与政府直接资助乘积结果的影响。

表6-2　　　　　　　政府直接资助对企业研发投入的影响

y_1, F	3.1	3.2	3.3	3.4	3.5	3.6
常数 C	13.503***	13.449***	13.518***	13.539***	13.455***	13.540***
$\ln F$	0.290***	0.277***	0.276***	0.311***	0.277***	0.272***
$\ln T_1$	0.401***	0.456***	0.399***	0.354***	0.403***	0.371***
$\ln T_2$	0.218***	0.189***	0.221***	0.246***	0.219***	0.231***
$\ln F \times I$		−0.101				
$\ln F \times \ln K$			−0.017			
$\ln F \times \ln S$				−0.210***		
$\ln F \times O$					−0.419***	
$\ln F \times \ln Z$						−0.142***
Year	控制					
Adjusted R^2	0.888	0.889	0.888	0.894	0.895	0.892
F-statistic	179.069	150.677	158.983	168.0112	170.4967	165.965
样本数 N	180	150	180	180	180	180

从表6-2的分析结果可以看出,政府直接资助的结果显著为正,说明影响是正向的。可以推测,政府的直接资助往往是带有一定条件的,只有企业具备这样的条件才能得到政府的直接资助。列3.2~3.6的交叉影响中,结果显著为负,这说明政府直接资助对小企业的影响更为明显。由于小企业往往财力有限,对于大型的项目投入没有足够的资金,但是小企业的层级结构较少,在面对市场的时候较为灵活,执行力较强。因此如果能够追加资金投入,小企业则能够获得非常显著的研发投入刺激。在产权类型项目上,交互项系数显著为负,显然民营企业更有利于直接资助的发挥。国有企业由于特有的国有性质,常年接受政府资助,产生了一种惰性。而

民营企业则不同。民营企业更加灵活，更乐于追加研发投入。知识存量的交互系数也显著为负，表明小知识存量企业的投入作用更佳。小知识存量企业更乐于利用政府支持的资金增加投入。知识产权保护强度与企业研发存量两个因素的作用则不显著，说明知识产权保护的效果不能刺激企业在研发过程中增加投入，没有把知识产权保护作为一个主要因素。不同研发存量的企业各具优势，大型企业有更加雄厚的研发经费投入配套政府资助，小型企业可以凭借灵活调动更多的研发经费支持创新，这可能是企业研发存量影响不显著的一个原因。

接着，我们利用基本模型分析政府的研发费用扣除减免税之后的影响。表6-3报告了这个结果。在表6-3之中，列4.1为政府间接资助作为因变量的结果。列4.2~4.6则是加入了上述五个变量之后的回归结果。

表6-3　　　　　　　　政府间接资助对企业研发投入的影响

y_1, T_1	4.1	4.2	4.3	4.4	4.5	4.6
常数 C	13.503***	13.435***	13.512***	13.539***	13.460***	13.527***
$\ln F$	0.290***	0.275***	0.284***	0.278***	0.277***	0.264***
$\ln T_1$	0.401***	0.463***	0.400***	0.385***	0.412***	0.391***
$\ln T_2$	0.218***	0.187***	0.220***	0.238***	0.215***	0.225***
$\ln T_1 \times I$		0.190				
$\ln T_1 \times \ln K$			−0.007			
$\ln T_1 \times \ln S$				−0.231***		
$\ln T_1 \times O$					−0.234**	
$\ln T_1 \times \ln Z$						−0.092**
Year	控制					
Adjusted R^2	0.888	0.889	0.888	0.901	0.891	0.890
F-statistic	179.069	150.886	158.396	181.259	163.803	162.390
样本数 N	180	150	180	180	180	180

从表6-3的估计结果可以看出，政府研发费用扣除减免税的估计系数显著为正。这说明政府的研发费用扣除减免税之后，对于企业有正向的激励作用。其他项中只有知识产权保护力度的交互系数显著为正。其他四项中，企业研发存量、产权类型、企业规模和知识存量的结果都为负，其中研发存量的影响不显著。这说明，知识产权保护力度的增加与政府研发费用扣除能够对企业研发费用投入增加产生正向作用。而政府研发费用扣除作为一种间接资助手段，没有和企业的规模、企业的研发存量、产权类型、知识存量形成协同效应。

接下来分析政府高新企业减免税对企业研发投入的影响，表6-4报告了这个结果。在表6-4中，列5.1是单因子结果，列5.2~5.6则是双因子结果。

表 6-4　　　　　　政府高新企业减免税对企业研发投入的影响

y_1, T_2	5.1	5.2	5.3	5.4	5.5	5.6
常数 C	13.503***	13.433***	13.451***	13.523***	13.455***	13.492***
$\ln F$	0.290***	0.273***	0.309***	0.306***	0.280***	0.294***
$\ln T_1$	0.401***	0.460***	0.384***	0.378***	0.398***	0.403***
$\ln T_2$	0.218***	0.190***	0.241***	0.233***	0.224***	0.223***
$\ln T_2 \times I$		0.158				
$\ln T_2 \times \ln K$			0.034***			
$\ln T_2 \times \ln S$				−0.093***		
$\ln T_2 \times O$					−0.173**	
$\ln T_2 \times \ln Z$						0.042
Year	控制					
Adjusted R^2	0.888	0.890	0.893	0.893	0.892	0.888
F-statistic	179.069	150.950	166.408	166.506	164.535	159.351
样本数 N	180	150	180	180	180	180

从表 6-4 可以看出，高新企业减免税对企业研发投入具有直接的激励作用。因为企业必须要通过研发资质认定才能获得税收减免，这无疑加剧了企业在研发投入上的竞争。但是与表 6-3 明显不同的是，这个方面的结果明显与高新技术企业的研发存量相关。研发存量越高，越能获得政府的税收优惠，对于企业的激励作用也就越大。

（二）政府科技资助对企业研发产出的作用

接下来本书直接应用模型针对政府的三种不同资助方式对企业新产品销售收入的影响进行研究，如表 6-5、表 6-6 和表 6-7 所示：

表 6-5　　　　　　政府直接资助对企业新产品销售收入的影响

y_2, F	6.1	6.2	6.3	6.4	6.5	6.6
常数 C	12.736***	16.215***	13.591***	12.512***	12.738***	15.522***
$\ln K$	0.565***	0.615***	0.628***	0.554***	0.568***	0.746***
$\ln L$	0.336**	0.321*	0.258*	0.357**	0.336**	0.076
$\ln F$	−0.132*	−0.136*	−0.163*	−0.139*	−0.133*	−0.138**
$\ln T_1$	0.093	0.098*	0.090	0.098	0.092	0.062
$\ln T_2$	0.214***	0.207***	0.255***	0.234***	0.241***	0.294***
$\ln F \times I$		−0.308				
$\ln F \times \ln K$			−0.043*			
$\ln F \times \ln S$				0.034		
$\ln F \times O$					0.012	
$\ln F \times \ln Z$						−0.248***
Year	控制					
Adjusted R^2	0.893	0.889	0.894	0.892	0.892	0.900
F-statistic	150.150	120.615	138.543	135.825	135.698	148.113
样本数 N	180	150	180	180	180	180

表6-6　　　　　　　　　研发费用扣除对企业新产品销售收入的影响

y_2, T_1	7.1	7.2	7.3	7.4	7.5	7.6
常数 C	12.736***	16.203***	13.873***	12.072***	12.744***	15.961***
$\ln K$	0.565***	0.574***	0.670***	0.536***	0.564***	0.832***
$\ln L$	0.336**	0.364**	0.233	0.398**	0.335**	0.032
$\ln F$	−0.132*	−0.139*	−0.174**	−0.140*	−0.132*	−0.179**
$\ln T_1$	0.093	0.104	0.078	0.087	0.094	0.079
$\ln T_2$	0.214***	0.202***	0.257***	0.226***	0.241***	0.282***
$\ln T_1 \times I$		0.111				
$\ln T_1 \times \ln K$			−0.052**			
$\ln T_1 \times \ln S$				0.062		
$\ln T_1 \times O$					−0.011	
$\ln T_1 \times \ln Z$						−0.202***
Year			控制			
Adjusted R^2	0.893	0.889	0.896	0.893	0.892	0.898
F-statistic	150.150	120.487	140.813	136.437	135.700	144.791
样本数 N	180	150	180	180	180	180

表6-7　　　　　　　　　高新企业减免税对企业产品销售的影响

y_2, T_2	8.1	8.2	8.3	8.4	8.5	8.6
常数 C	12.736***	16.205***	13.390***	11.687***	12.765***	15.965***
$\ln K$	0.565***	0.583***	0.688***	0.511***	0.563***	0.889***
$\ln L$	0.336**	0.356*	0.279*	0.434***	0.333**	0.031
$\ln F$	−0.132*	−0.139*	−0.184***	−0.163**	−0.131*	−0.165**
$\ln T_1$	0.093	0.102	0.095	0.102	0.094	0.076
$\ln T_2$	0.214***	0.203***	0.203***	0.213***	0.243***	0.234***
$\ln T_2 \times I$		0.037				
$\ln T_2 \times \ln K$			−0.047*			
$\ln T_2 \times \ln S$				0.090**		
$\ln T_2 \times O$					−0.019	
$\ln T_2 \times \ln Z$						−0.217***
Year			控制			
Adjusted R^2	0.893	0.889	0.898	0.895	0.892	0.902
F-statistic	150.150	120.454	144.811	140.078	135.736	151.566
样本数 N	180	150	180	180	180	180

从表6-5的结果可以看出，政府直接资助对企业新产品销售收入的影响为负。这说明政府直接资助对企业新产品销售收入有一定的削弱作用。新产品的生产和销售不仅来自企业的研发活动，也可能是对其他企业的简单模仿。企业得到政府直接

资助后有可能着眼于眼前的利益,将其用于扩大已有市场的份额上。政府直接资助与知识存量的乘积对企业新产品销售有削弱作用。知识存量小的企业可能倾向于选择研发周期短且变现能力强的产品,知识存量大的企业则有可能选择投资回报期更长的产品。

在表6-6中报告的研发费用加计扣除减免税的系数并不显著,可能是因为政府研发费用加计扣除减免税指向的是科学技术环节,并没有指向产品生产和销售环节。在这个阶段的研发存量对政府投资补助的调节方向均是负的,无论怎么资助,具有小研发存量的企业效果更好一些。可能是因为大企业更加偏向于一些具有较大投资回报、垄断能力更强的产品。这些产品的回报周期都相对更长一些。

在表6-7中,政府的高新企业减免税的系数显著为正,说明政府高新企业减免税对企业新产品销售收入的影响显著为正。高新企业减免税的影响和企业规模的交互系数显著为正,说明大企业的新产品销售收入受到高新企业减免税的影响更大。大企业由于在市场上有较强的知名度,有较大的实力在新产品上进行营销,可以很快带来销售收入的增加。

(三)政府资助对企业专利产出的影响

类似于上述方法,政府资助对企业专利产出的影响如表6-8、表6-9和表6-10所示。

表6-8　　　　　　　　政府直接资助对企业专利产出的影响

y_3, F	9.1	9.2	9.3	9.4	9.5	9.6
常数 C	2.894***	7.920***	2.069*	3.305**	2.869**	1.586
$\ln K$	0.367***	0.332**	0.306**	0.388***	0.336***	0.281**
$\ln L$	0.485***	0.571***	0.561***	0.447***	0.487***	0.607***
$\ln F$	0.014	−0.042	0.044	0.026	0.021	0.017
$\ln T_1$	−0.025	0.007	−0.023	−0.034	−0.016	−0.011
$\ln T_2$	0.189***	0.171***	0.175***	0.202***	0.194***	0.164***
$\ln F \times I$		0.982*				
$\ln F \times \ln K$			0.041**			
$\ln F \times \ln S$				−0.062		
$\ln F \times O$					−0.139	
$\ln F \times \ln Z$						0.116**
Year	控制					
Adjusted R^2	0.925	0.927	0.926	0.388	0.925	0.926
F-statistic	220.202	191.478	205.519	200.091	200.768	205.328
样本数 N	180	150	180	180	180	180

表 6-9 研发费用扣除对企业专利产出的影响

y_3, T_1	10.1	10.2	10.3	10.4	10.5	10.6
常数 C	2.894***	7.912***	1.806	3.861***	3.032**	0.402
$\ln K$	0.367***	0.298**	0.266**	0.409***	0.347***	0.161
$\ln L$	0.485***	0.580***	0.584***	0.395***	0.469***	0.720***
$\ln F$	0.014	−0.034	0.055	0.026	0.017	0.050
$\ln T_1$	−0.025	0.023	−0.012	−0.017	−0.006	−0.015
$\ln T_2$	0.189***	0.173***	0.173***	0.211***	0.193***	0.157***
$\ln T_1 \times I$		0.935**				
$\ln T_1 \times \ln K$			0.049***			
$\ln T_1 \times \ln S$				−0.090*		
$\ln T_1 \times O$					−0.184**	
$\ln T_1 \times \ln Z$						0.156***
Year	控制					
Adjusted R^2	0.925	0.929	0.928	0.925	0.926	0.928
F-statistic	220.202	194.846	210.598	202.891	204.028	212.214
样本数 N	180	150	180	180	180	180

表 6-10 税费减免对企业专利产出的影响

y_3, T_2	11.1	11.2	11.3	11.4	11.5	11.6
常数 C	2.894***	7.898***	2.409***	3.313***	3.093**	0.702
$\ln K$	0.367***	0.318***	0.276**	0.388***	0.348***	0.147
$\ln L$	0.485***	0.569***	0.528***	0.446***	0.463***	0.692***
$\ln F$	0.014	−0.045	0.052	0.027	0.022	0.037
$\ln T_1$	−0.025	0.007	−0.027	−0.029	−0.015	−0.014
$\ln T_2$	0.189***	0.184***	0.217***	0.200***	0.201***	0.193***
$\ln T_2 \times I$		0.766***				
$\ln T_2 \times \ln K$			0.035***			
$\ln T_2 \times \ln S$				−0.036		
$\ln T_2 \times O$					−0.130**	
$\ln T_2 \times \ln Z$						0.148***
Year	控制					
Adjusted R^2	0.925	0.929	0.928	0.925	0.926	0.930
F-statistic	220.202	197.354	211.126	202.891	204.030	216.382
样本数 N	180	150	180	180	180	180

从表 6-8 的分析结果可以看出，列 9.1 中，政府直接资助的系数为正，但是并不显著，说明政府直接资助并不能促进企业的有效产出。这其中的原因可能有两个方面：第一，政府资助的项目侧重于基础研究，而专利则是实验发展的结果；第二，政府科技直接资助的约束机制不足，缺少一定的监督机制，导致专利产出效果不显著。

在表 6-9 中，政府研发费用加计扣除减免税的估计系数为负，但是也不显著。这其中的原因包含两个：第一，政府的专利保护力度不够，公司更愿意将技术核心列为机密，而不是寻求专利保护；第二，一些法律执行力度不够，企业诉诸法律寻求专利保护的成本较高，迫使自身有可能放弃维权。

在表 6-10 中，政府的高新企业减免税的影响系数显著为正，说明政府的高新技术税对企业的专利产出有明显的激励作用。专利是一项竞争较大的因素，如果高新企业不能抢先申请专利就有可能被竞争对手抢占先机。专利不仅是削弱对手的一种手段，也是企业进行自我防护的手段。

在加入交互项以后，三种不同的资助方式的系数方向基本一致。知识产权的执法强度与政府资助的交互系数为正，说明知识产权执法强度越强，政府资助对专利产出的影响效果越好。有一部分企业提到为规避专利侵权风险而不敢申请专利，加强知识产权执法强度则是解决这个问题的方法。企业研发存量与政府资助的交互系数为正，说明政府资助对企业产出的效果更好。研发存量高的企业可以通过申请专利获得资本市场的支持，从而降低自身存在的风险。企业的类型与政府资助的交互系数为负，说明政府资助对非国有企业的专利产出效果更好。因为非国有企业在融资上限制条件较多，能够得到政府的支持，就会全力以赴。政府资助能够在一定程度上缓解融资约束对企业专利产出的抑制作用，降低企业的投资风险。企业知识存量和政府资助的交互系数显著为正，说明政府资助对高知识存量的企业专利产出效果很好。企业的研发人数越多，研发经费越充足，更容易有专利申请的动机和行为。

第三节 政府资助企业创新的模式设计

虽然上述的讨论已经说明政府资助和企业创新之间的大致关系，但是在进行支持模式设计的过程中，不能简单对待。因为，政府和企业之间存在复杂的委托代理关系。在讨论模式设计的过程中，应该考虑到政府财政资金支持过程中的博弈活动。本节通过委托-代理的博弈分析说明政府资助企业的具体策略。

一、政府和企业之间的委托-代理关系

在财政资金资助企业的活动中，政府是"最终委托人"，企业则是"最终代理人"，两者之间存在多重信息不对称关系。受到支持的企业完全拥有自身信息、技

术资金支持和市场状况等方面的信息。政府则在这个方面信息匮乏。从这个角度上说,受到支持的企业是信息优势一方,容易和代理机构发生合谋,骗取政府资金的支持。

在委托代理关系的背后,还存在着委托人与代理人之间的期望收益不一致性。政府财政支持企业资金的支出过程中,受支持企业一方面期望政府能够给企业在资金上以更快更多的支持,从而帮助自己实现技术上的突破,占有更大的市场空间;另一方面,则期望能够在个人效用上获得更大的突破,获得更多的实际利益。对于政府来说,政府用资金支持企业创新,是想要在公共服务上获得巨大的外部性,例如增加税收、增加当地就业和促进当地社会经济生态等环境的改善,从而提高政府资金的使用效率。站在这一点来看,政府和企业的目的是不同的。受扶持企业作为"最终代理人"把目标放在企业和个人利益上,而政府则把目标放在公共服务的外部性上。

由于政府和企业的信息不对称、目标不一致,政府和企业之间就会出现"逆向选择"和"道德风险"问题。政府部门可能无法对企业进行全面的审查,从而产生 α 错误和 β 错误。而企业则可以利用自身拥有的信息优势,主动迎合政府部门的标准,隐瞒对自身不利的信息,放大对自身有利的信息,获得政府的支持,在市场上发生"劣币驱逐良币"的效应。而在获得政府资金支持以后,则有可能将资金挪作他用,损害政府和社会的效益。

而且政府的工作人员也是委托-代理关系中的理性经济人,有可能产生寻租活动。部分工作人员通过威胁、利诱等方式获得政府财政资金的选择权利,企业往往不得不主动迎合这些寻租的要求,也在一定程度上引发了"逆向选择"和"道德风险"等现象。

总之,政府财政支持企业资金的支出过程中存在委托-代理关系,政府部门和企业之间存在一个动态博弈的过程。正如在第五章揭示的那样,企业会按照标准去审查自己是否能够获得财政资金的支持,一旦出现成功案例就会出现一大堆的模仿策略。如果政府加强监督,那么只有真正符合标准的企业才能进入政府资助名单中。这就产生符合动态演化博弈分析的模型。博弈双方的策略是动态的。行为主体的博弈策略会随着时间和条件的变化从而最大化自身行为收益。

二、政府财政支持企业资金博弈模型的构建

信息不对称问题的分析方法主要有两种,分别是委托-代理分析方法和博弈分析方法。前面已经对委托-代理分析方法进行了论述。这里主要探讨博弈论分析结果。

两位国外学者史密斯(J. M. Smith)和普莱斯(Price)在1973年首次提出了演化动态策略的问题。在1982年,史密斯撰写了 *Evolution and the Theory of Games*,在书中提出了"演化博弈"的理论。此后,国外学者对博弈理论的应用进行了更为深入的分析,并进行了行为科学的研究。

从史密斯的研究中,可以看到演化博弈理论认为人具备有限理性,博弈主体的行为经过多次博弈之后将最优演化策略的动态选择作为研究的重点,也就是博弈过程的稳定性和动态性是博弈主体的理性决策出发点。动态博弈理论认为行为主体在现实中通常会模仿其他同类行为的成功经验和策略。这种模仿过程可能会比较长,但是行为策略的调整总是朝着更好的状态发展。也就是说,在动态演化博弈行为中,行为主体将会依据其行动经验来对自己的决策进行调整,以此获得适应度。

所谓适应度也就是个体的支付水平函数,具体来说可以表示为 $f(r, s) = (f^1(r, s), \cdots, f^k(r, s))$。其中单个行为主体的策略用 r 来代表,行为主体的当前状态用 s 来表示。行为主体的复制动态模型用 $dx/dt = x[f(r^k, s) - f(r, s)]$ 来表示。选择行为策略 K 的单个行为主体数量用 x 来表示,而 dx/dt 则是单个行为主体选择策略 K 的数量变化率。选择行为策略 K 的效用水平则用 $f(r, s)$ 来表示。如果行为个体选择策略 K 得到的效用水平比其他群体的平均效用水平高,那么种群中其他行为主体就会模仿采用行为策略 K,直至最终都获得一样的效用水平,整个群体就会趋向稳定。

为了使得研究简化,本书仅研究一个行为主体。在政府财政对企业项目进行支持的过程中,假设受支持的企业和政府部门存在博弈,那么政府部门和企业都是理性经济人,行为策略都是朝向最大的目标追求。因此,本书适合于采用动态博弈理论,对政府财政资金支持的策略进行研究。我们做以下假设:

受到支持的企业正常效益为 R;

政府支持企业的资金额度为 T,增值收益为 $kT(k > 1)$,来源于两部分,一部分是企业自身收益,另一部分是政府收益;

受支持企业获得的最终收益会由受支持企业和政府两个行为主体进行分配,受支持企业获得比例为 a,而政府获得比例为 $1 - a$;

受支持企业为了获得更多的分配,必须要付出一定的努力,假设努力成本为 C_1,而政府要对其努力程度进行监督,监督成本为 C_2;

政府部门的工作人员可能利用自身权力进行寻租,假设其租金为 S。寻租有被查出的风险,假设被查出以后将会得到 $nS (n > 1)$ 的罚款。而且一旦被查出,其声誉将会遭受非常严重的损失。同样受支持的企业也会产生荣誉损失。假设荣誉损失为 $P_i(i = 1, 2)$。

如果政府工作人员不选择寻租策略,则意味着政府的工作人员会按照程序对受支持企业进行审查,所以会产生 C_2 的审查成本。如果企业不选择寻租,而且获得了政府的财政资金支持,其获得的收益是 $R + kT$,付出的成本是 C_1。如果受支持的企业试图选择寻租策略,那么不仅审查不能通过,而且还会面临罚款 nS 以及荣誉损失 P_1。

如果政府部门人员选择寻租策略,就意味着政府工作人员不会按照规则和程序对企业进行审查，因此不会产生审查成本 C_2。但是，一旦被查出来，那么就面临罚款和声誉损失。如果企业不选择寻租行为策略，只需要付出正常的成本 C_1，但是无法通过审查，只能获得正常的收益 R。如果选择寻租策略，那么将获得政府的财政资金支持，最终收益为 $R + kT$，被查出来同样要承担 nS 的罚款和声誉损失。

基于上面的分析，政府和受支持企业的动态博弈支付矩阵如表 6-11 所示：

表 6-11 政府与企业的演化支付矩阵

		政府主管部门	
		不设租	设租
受支持企业	不寻租	$a(R + kT) - C_1$ $(1 - a)(R + kT) - C_2$	$aR - C_1$ $(1 - a)R - nS - P_2$
	寻租	$aR - nS - P_1$ $(1 - a)R - C_2$	$a(R + kT) - nS - P_1$ $(1 - a)(R + kT) - sN - P_2$

三、政府财政支持企业资金的演化博弈分析

假设企业选择"不寻租"策略的概率是 x，那么选择"寻租"的概率是 $1 - x$。政府部门的工作人员选择"不设租"的策略是 y，那么选择"设租"策略的概率是 $1 - y$。

为了对政府财政支持企业资金过程进行分析。本书先对政府主体和企业主体的演化路径进行分析，之后进行综合，并结合相关的参数，对政府和企业的行为进行判断。

（一）企业的行为分析

企业主体的行为策略"不寻租"的适应度表示为：
$$f^A(r_1, s) = y[a(R + kT) - C_1] + (1 - y)(aR - C_1)$$

"寻租"的适应度表示为：
$$f^A(r_2, s) = y(aR - nS - P_1) + (1 - y)[a(R + kT) - nS - P_1]$$

那么，企业主体的行为适应度可以表示为：
$$f^A(x, s) = x f^A(r_1, s) + (1 - x) f^A(r_2, s)$$

这就可以构造出企业的行为策略动态方程：
$$\mathrm{d}x/\mathrm{d}t = \mathrm{d}[x f^A(r_1, s) + (1 - x) f^A(r_2, s)]/\mathrm{d}t$$
$$= x(1 - x)(2yakT - C_1 - akT + nS + P_1)$$

令 $\mathrm{d}x/\mathrm{d}t = 0$，则有：
$$x^* = 0 \text{ 或 } x^* = 1, \text{ 或 } y^* = (C_1 + akT - nS - P_1)/2akT$$

这就是企业行为的均衡点。

当 $y = y^* = (C_1 + akT - nS - P_1)/2akT$，所有的 x 都是企业的均衡状态。在 $y \neq$

$y^* = (C_1 + akT - nS - P_1)/2akT$ 时，企业的均衡策略就是 $x^* = 0$ 或者 $x^* = 1$。当 $y > y^* = (C_1 + akT - nS - P_1)/2akT$，企业应该选择不寻租。当 $y < y^* = (C_1 + akT - nS - P_1)/2akT$，企业应当选择寻租。

（二）政府部门的均衡演化分析

同理，政府部门"不设租"的个体适应度应表示为：

$$f^B(r_1, s) = x[(1-a)(R+kT) - C_2] + (1-x)[(1-a)R - C_2];$$

"设租"的个体适应度应表示为：

$$f^B(r_2, s) = x[(1-a)R - nS - P_2] + (1-x)[(1-a)(R+kT) - nS - P_2]。$$

那么政府主体的平均适应度应表示为：

$$f^B(x, s) = yf^B(r_1, s) + (1-y)f^B(r_2, s)$$

求导，得出政府主体的均衡策略。

$$dy/dt = d[yf^B(r_1, s) + (1-y)f^B(r_2, s)]/dt = 0$$

得出 $y^* = 0$ 或 $y^* = 1$，或者 $x^* = [C_2 + (1-a)kT - nS - P_2]/2(1-a)kT$

也就是说，政府的行为是：

在 $x = x^* = [C_2 + (1-a)kT - nS - P_2]/2(1-a)kT$，所有的政府行为都可以达到稳定状态。当 $x \neq x^* = [C_2 + (1-a)kT - nS - P_2]/2(1-a)kT$，政府要根据情况选择设租或者不设租。在 $x > x^* = [C_2 + (1-a)kT - nS - P_2]/2(1-a)kT$，政府应该不设租；在 $x < x^* = [C_2 + (1-a)kT - nS - P_2]/2(1-a)kT$，政府应该设租。

（三）政府与企业均衡的稳定性分析

基于上述方程，可以得出政府和企业的博弈策略集合，如图6-1所示：

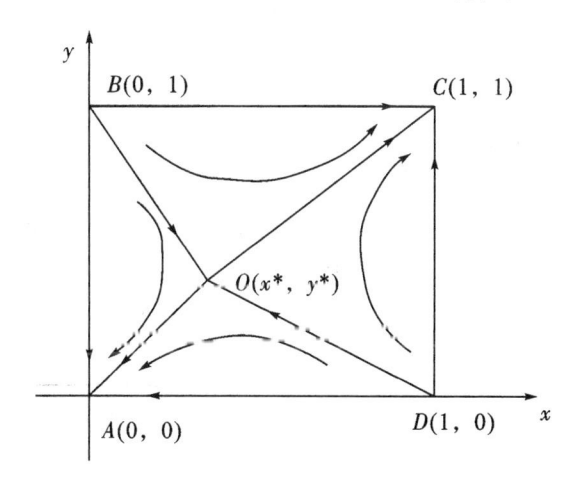

图6-1 政府支持企业资金的动态演化博弈

从图6-1可以看出，政府和企业的均衡点一共有五个，其中点 $A(0, 0)$，$C(1, 1)$ 和点 $O(x^*, y^*)$ 是稳定的策略均衡点。均衡点 $A(0, 0)$，表示政府不设租，企业也不寻租。均衡点 $C(1, 1)$ 表示政府设租而企业也寻租。均衡点 $B(0, 1)$、$D(1, 0)$ 则是不稳定的均衡点，最终演化成为稳定的均衡点 $O(x^*, y^*)$。BO 和 OD 两条线则是政府和企业之间行为演化状态。如果政府和企业的行为博弈初始状态处于 $ABOD$ 区域，那么均衡点 $A(0, 0)$ 则会成为政府和企业的收敛点。如果初始状态处于上方的 $BODC$ 区域，那么均衡点 $C(1, 1)$ 将成为政府和企业之间的动态博弈收敛点。

四、政府财政支持企业资金博弈行为的治理建议

从上面对政府财政支持企业资金的支出过程分析可以看出，如果政府加大对双方的不合规行为的惩罚力度，那么双方都会产生声誉损失。委托-代理关系中的寻租现象将会得到一定的制约，从而提高政府资金的使用效率。因此，在对政府和企业的行为进行管理的过程中可以考虑通过监管加大对寻租的惩罚，使之收敛到点 $A(0, 0)$。

（一）建立监督惩罚的机制，加大违规行为惩罚力度

通过政府和企业的动态博弈分析可以看出，如果中央政府对于地方政府的行为没有监管的话，博弈最终会进入点 $C(1, 1)$ 的状态。因此，必须要建立完善的监督和惩罚体系，对政府财政支持企业资金的支出过程进行定期或者不定期的检查。不论是企业还是政府部门的人员，违规都应该受到惩罚。通过惩罚机制，加强对企业和政府工作人员的监管，让他们感觉到自己如果出现这种问题将会得不偿失。

（二）建立声誉监督机制

声誉的作用在第五章已经讨论过。这里再次提出是为了说明声誉监督机制的巨大作用。声誉监督应该从不同人员的需求入手进行查处。例如对于政府官员来说，他们的目标可能是获得更高的职位。因此，可以从这一点入手，一旦出现声誉问题，永不录用。对于企业来说，一旦出现声誉损失则可以记入信用档案之中，在企业金融活动和与政府相关的社会活动中给予限制。声誉效应能够将政府财政支持企业资金的支出过程中与政府或企业的其他活动联系在一起，从而对其实施机会主义行为产生巨大的震慑作用，而且有动力建立一个更长远的声誉，以便能够更好地获得公共服务的外部效应。

第七章　税收优惠与企业创新机制研究

第六章已经部分讨论了税收这种间接资助方式对企业自主创新的影响。本章准备对税收这种方式再次进行详细的论述，扩展政府对企业自主创新的税收资助模式。

第一节　税收优惠对企业创新的影响机理研究

在推动企业自主创新的过程中，税收这种方式能够提高技术创新收益的预期，从而降低技术创新投资风险以及发挥资金、人力需求等方面的积极作用。

一、税收激励提高技术创新收益预期

对于特定的创新活动，风险水平通常是稳定的。企业家在决定创新之前，首先会对期望的收益率以及可能产生的风险进行衡量。而企业家之所以愿意从事高风险的技术创新主要是因为较高的期望报酬率。而税收对这些报酬率有很大的影响。因此，对于企业家来说，税收能够通过预期报酬率这种方式影响企业的投入。总体上看，税收的影响方式包括两个方面：一是降低技术研发的投入成本。税收优惠方式能够帮助企业在准备研究设备和人员的过程中降低成本。二是影响技术创新成果的收入。政府可以通过技术创新成果的收入的税收减免措施，提高企业对技术创新的收入预期。因此，税收政策通过激励创新对象的优惠措施，影响企业技术创新的投入。

二、税收激励降低技术创新投入的风险

技术创新的风险较高，这是制约技术创新投入的一个主要因素。这些风险不仅来自于前面讨论过的因素，而且还来自于税收方面的风险。尤其是所得税加剧了技术创新投入的风险，抑制了企业家承担风险的积极性。因为在企业家的投资所得中，一部分应视为自己投资公司获得的风险投资报酬。公司税负中的某一部分就相应理解为公司承担风险的课税。公司承担的税收负担起重,从事风险投资的积极性也就越低。然而,产品和技术的开发主要依赖于企业获得风险资金和承担风险的能力。税收激励能否分担企业的风险或者向风险承担者提供资金的支持就成为税收优惠能否支持企业自主创新的一个关键问题。

对于风险承担,税收的影响主要体现在两个方面:一方面是通过企业或者个人的资产组合决策来影响企业的风险资金获得量,另一方面是影响企业的实际投资决策。对于技术创新投入来说,风险资金的获得具有直接相关的作用。前者虽然处于一个中间阶段,但是也起着重要的作用。

在西方经济学理论研究中,税收和风险的关系一般集中地展现在税收的资产组合效应中。经济学的研究普遍认为,投资征税能够影响投资收益和风险,从而能够影响企业的资产组合方式。税收激励工具中的大量风险损失扣除政策在一定程度上代替企业承担了可能的风险。原来由投资者承担的风险,现在开始由政府通过税收激励工具承担一部分。政府实际上成为投资者的一个合伙者。投资者开始承担更多的风险资产,增加风险承担的意愿也随着政府承担风险损失大小而产生变化。显然,如果政府对风险资产的收益征税,但是不允许亏损补偿,那企业家的风险投资意愿明显会下降。一般来说,人们对风险资产的需求收入弹性是正的,风险资产的收益越高,经济人就越愿意承担风险。资产损失的补偿在决定税收对风险承担的影响时非常重要,如果政府的参与帮助企业家降低了风险的损失,那么企业家会十分乐意投资。

从以上的分析可以看出,税收激励具有一定的风险承担作用。企业家必须对政府如何征税进行研究,并且做好企业的会计记录,避免企业运行过程中利用税收激励产生额外的税收风险。

三、税收激励影响企业资金供给

技术创新的投入较高,企业必须在资金方面给予充足的保障。从企业融资渠道的角度看,企业资金的来源大致可以划分为两个方面,一个是企业的内部积累,另一个是企业的外部融资。对于企业创新,税收能够通过资金融通的方式影响资金的供应。这一点可以从资金的融资渠道进行分析。

(一) 对内部积累资金的影响

一个企业的正常运营活动中,收入通常来源于税后利润和折旧以及无形资产摊销等非付现成本,通过税收减免、加速折旧和缩短无形资产摊销年限等方式,能够为企业提供更多的用于技术创新投入的现金流量。这种激励措施对于现金流本就紧张的中小企业来说更加重要。在通常的情况下,中小企业的债务融资和股权融资更加困难,因此也更加依赖于内部积累产生的现金流。

(二) 对外部融资的影响

相对于对内部资金积累的影响,税收对企业外部融资的影响则通常是间接的。

由于技术创新活动具有高风险的特征，税收可以通过对外部资金供给者的激励，改变风险投资的预期收益率，为技术创新企业创造有利的融资环境。下面通过比较分析的方式，对税收影响风险投资的作用进行分析。

假定存在两个投资项目，分别称为 A 项目、B 项目，其报酬率分别是 R_0 和 R_n。A 项目是无风险投资，税率为 T_A，B 项目是风险投资项目，盈利的概率是 P_n，亏损的概率为 P_m，亏损率则为 R_m，所得税的使用税率为 T_B，亏损出现以后不能抵扣税金。

假定 $T_A = T_B = 0$，则只有当 $R_n \times P_n + R_m \times P_m = R_0$ 时，两者的报酬率相当。如果 $T_A \neq T_B$，且都不等于零的时候，两者达到均衡的条件是：$R_n \times P_n + R_m \times P_m - R_n \times P_n \times T_B = R_0 - R_0 \times T_A$。整理之后得到：$R_n \times P_n \times T_B = R_0 \times T_A$，由于 $R_0 < R_n \times P_n$，因此，只有当 $T_A > T_B$，这两个项目的投资才能达到均衡。

$T_A > T_B$ 意味着，对于 B 项目来说，必须要有一定的优惠，投资者才愿意投资。而且这个优惠的力度还必须和报酬率相匹配，使投资者获得与风险相当的收益水平。因此，通过这一简单的对比就能够看出，税收激励的方式影响技术创新的外部融资环境，从而影响到企业创新的资金供给。

四、税收激励对人力资本供求的影响

企业的税收政策作为国家经济调控的一个杠杆，往往被政府用在促进人力资本投资的实践活动中。税收对人力资本投资的影响，可以划分为两个方面。站在宏观的角度看，税收是国家筹集资金的主要渠道，一国的税收规模越大，社会发展中各个方面建设的速度也就可能越快，经济上的实力也就越强。从微观的方面来看，企业是人力资本的需求方，社会是人力资本的供给方，税收政策从人力资本的供需角度上影响企业创新中人力资本的投入。

（一）税收激励对人力资本需求的影响

一个企业获得人力资本的方式主要是培训。虽然能够在市场上招聘人才，但是对于企业来说，必须通过培训的方式使得这些人才能够为企业进行服务。而对于培训来说，税收可以从两个方面对人力资本的需求进行调控。

第一，企业的税负直接影响企业的人力资本投资能力。从企业的角度出发，职业培训通常具有很强的专业性，能够提高劳动者适应企业的需求能力，推动劳动者走向高级化。同时，培训的方式也能够使企业积累一批高素质人才，推动技术的进步，增强企业吸收、消化和创新技术的能力，提高技术的运用水平，使得企业获得更大的效益。事实上，员工通过培训不仅可以学习技术方面的技能，还能够掌握一些管理知识，了解企业的规则。正是这种特殊的培训方式，使得企业的人力资本需求具有专业性，帮助企业在市场竞争中赢得优势。如果政府提高对企业的征税税率，就会直接减少企业的收益，同时也降低企业的人力资本投资能力。反之，降低对企业征税的税率，则会增强企业的人力资本投资能力，激发企业人力的投资欲望。

第二,企业对人力资本的投资具有较大的正外部性,运用税收政策可以消除企业给人力资本投资带来的企业受益和社会受益的不对称性,加速企业的人力资本投资。在市场经济条件下,人才的流动会给提供员工培训的企业带来损失。因为人力资本的投资特征是固化在人力这种生产要素中的,是和人才的流动相关联的。人才一旦从一个企业流向另一个企业,那么对人力的投资就会从一个企业流向另外一个企业。因此,单个企业对人力的投资具有一定的正向外部性。企业在考虑人力资本投资的过程中,必然会考虑投资的私人成本与人力流动的问题。从经济发展的角度来看,企业的人力资本投资有正向的外部性。如果要将这种外部性扩大,政府可以通过税收激励的方式降低人力资本投资的企业成本,例如对于企业的培训经费给予一定比例的税前扣除。针对这种情况,我们可以用一个简单的模型说明。从图7-1可以看出,在劳动供给不变的情况下,如果对工资征税,那么均衡的工资水平是W_0,劳动力需求是L_0,如果实行税收优惠,那么均衡的工资水平将会提升,人力资本的需求也会提升。如果对个人所得税实施优惠或者允许企业在税前扣除支付给研发人员的工资、培训费,那么能够提升企业对技术创新人员的需求。从彼恩斯托克(Beenstock,1979)的研究来看,英国的所得税税负每降低1%,企业的劳动力需求则会增加1.4%。

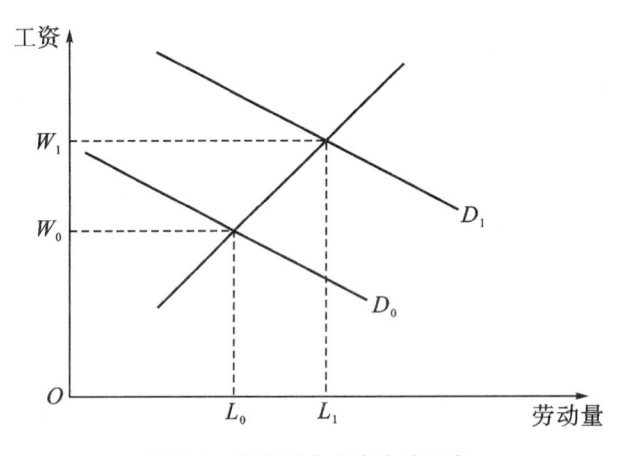

图 7-1 税收对人力资本的需求

(二)税收激励对人力资本供给的影响

对于个人来说,对人力资本的投资动力来自于两个方面:一方面是为教育而直接支出的现金;另一方面是因为接受教育而必须要放弃的劳动收入,也就是教育的机会成本。

个人对人力资本的投资源于对未来效用目标的自我判断。这种判断往往是从经济收益和非经济收益两个方面来看的:在经济收益上,个人接受教育就会获得更多的就业机会和职业升迁机会,进而获得更高的收入;在非经济收益上,教育则能够提升个人的社会地位和精神境界等。税收对个人人力资本的投资通常是借助于税收对个人的人力资本投资收益带来的,这和税收对物资资本的投资影响机理相同。换言之,在人力资本投资后获得的税后收益能否让个人满足,则是个人决定是否投资的主要动力。

在传统的个人劳动力效用函数中,个人的效用水平可以决定支配收入和闲暇。税收直接影响个人的可支配收入。各国的税制基于调整贫富差距和促进社会公平的目的,大多采用累进制税率。这对于高收入者来说产生了一定的抑制效应。高收入阶层往往处于高额累进税率的阶层,从而降低他们的劳动欲望,进而也阻碍其优秀才能的发挥,不利于技术进步和经营效率的提高,也会产生人才外流的问题。如果对从事技术创新的科学研究人员实施税收激励,给予其一定的税收优惠,将会提高其对个人资本的投资,增加高水平人力资本的供给。这得到了经验分析的支持。埃克斯坦(Eckstein,1980)研究美国社会的经验表明,劳动力供给的税负弹性系数是-0.04,也就是税负下降1%,那么劳动力的供给将会增加0.04%。图7-2中的模型可以非常直观地说明这方面的影响。

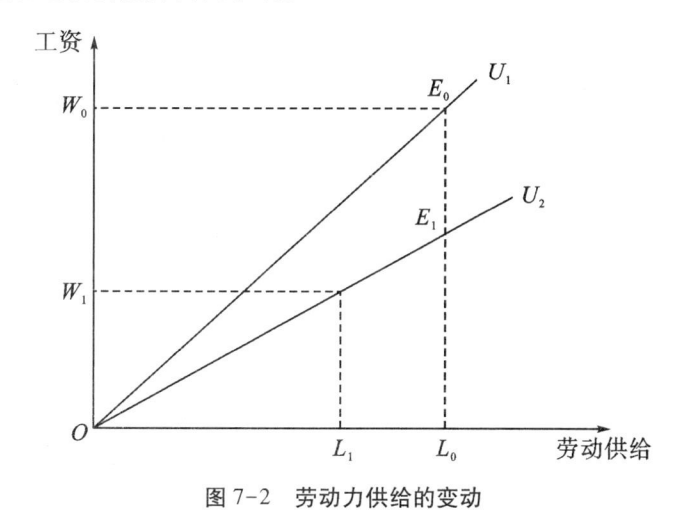

图 7-2 劳动力供给的变动

从图7-2可以看出,在其他条件不变的情况下,劳动供给和工资呈现正相关关系,工资越高劳动力的供给也就越多。因此,劳动力的供给曲线呈现出向上倾斜状态。在政府征收个人所得税之前,均衡工资水平W_0下能够提供的劳动量为L_0。在政府征收个人所得税之后,实际工资水平降低,劳动力供给量则降低至L_1。如果对技术创新人员实施税收优惠的激励,那么技术创新人员的供给将会增加。

从对人力资源供给和需求的分析可以看出,政府调节技术创新的收入预期可以在投入风险、资本供给和人力供给方面产生影响。结合起来,可以得出这样的一个结论,税收激励通过提高企业技术创新的收益,分担企业创新的投入风险,从而影响企业技术创新的内在动力——企业决策者的利益。资金供给和人力资本需求影响企业技术创新的能力。利益驱动和能力支持结合起来影响企业的创新投入决策,最终影响到企业的技术创新水平。由此,我们可以构建一个税收激励对企业技术创新影响的综合分析模型，如图 7-3 所示。

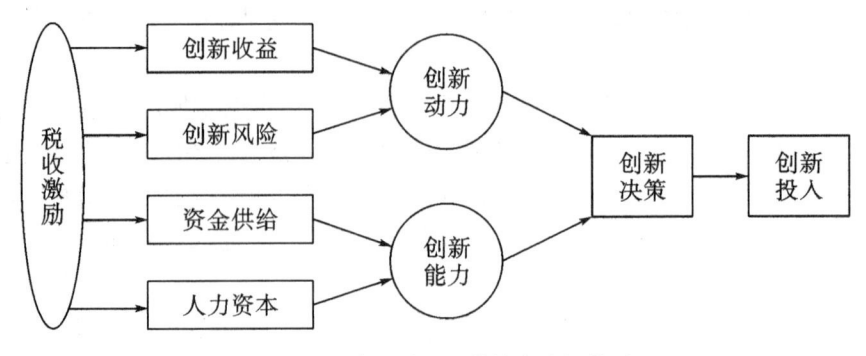

图 7-3　税收激励机理的综合分析模型

第二节　企业创新税制激励的问题分析

从前面的论述可以看出，我国政府一直都非常重视企业的技术创新活动激励，尤其是改革开放以后，我国促进企业技术创新的手段越来越丰富。而税收则是其中的一个关键选项。在激励企业增加研发投入和创新投资的基础上，增加科研人员从事创新投资对科技体制产生了非常重要的影响。但是，当前我国税负结构对企业技术创新的影响问题也是非常明显的。

一、在立法方面存在的问题

如今我国社会主义市场经济所需要的法制环境已经基本建成，这就要求政府对企业技术创新的优惠应该依法执行，政府政策的制定应该以法律为依据。税收政策的制定与执行也应该如此。但是我国现行的企业技术创新激励政策在立法上仍存在以下问题。

（一）税收政策的法律效力有限

我国现行的税法条款在执行中仍要根据国务院颁布的各项条例来弥补执行。一些法律空白绝大多数关系到法律的权利与义务，影响到具体的执行环节。这种做法虽然灵活，便于政府利用税收政策，但是大量的条文之间存在的冲突弱化了税收法律的效益，而且在事实上引发了行政权冲击立法权的现象，同时也造成了企业技术创新税收政策因为立法层次较低而缺乏应有的权威性、规范性和稳定性，企业技术创新的税收政策难以得到有效执行。我国税收法律的程序难以满足企业技术创新活动中的实践需要，存在着简单化、原则化的现象，可操作性差。具体来说，只重视对纳税人以及纳税机关的监督。总体上看，我国企业技术创新的立法一直以来没有能够很好地贯彻税收法律的原则，绝大多数企业技术创新的税收活动往往是依据经济的发展状况对国家的产业政策调整而开展的。这种做法太灵活，往往影响了企业技术创新税收优惠政策效用的发挥。

（二）税收政策的立法技术有限

税收立法的低层次行政化导致各个部门规章普遍、措施多样，税收的政策在很大程度上沦为应对各种社会经济目标的附属物，不可避免地有些流于形式。更何况，各种企业技术创新的公共政策是由不同部门在不同时期从不同角度设计和制定的，协调起来非常困难，无疑会影响企业技术创新税收政策立法的规范性。税收政策立法的技术有限，结果就是立法者对税收的立法意图扭曲，缺少了预见性和规划性，最终降低了税收政策的时效性。实践证明，这样的做法极易导致政策摇摆、多变，削弱了政策的引导作用，难以产生持续的作用。当前，我国政府激励企业技术创新的政策存在的这些问题使得税收优惠难以刺激企业的研发项目，为一些非技术性的进入提供了机会，导致税收优惠泛滥，而且使得一些经济主体的项目或者行为不能享受到税收优惠，造成了政策上的错位。

（三）税收立法的透明度不够

我国现行税制的首要功能是聚敛社会建设资金。政府对财政收入的追求对税收优惠政策的制定造成障碍。对于企业技术创新行为的忽视也就成了一个正常的反应。因此，将税收立法放置在阳光下，是充分实现税收政策目的的基础。只有加强立法的公平性，征询各个企业和专家的意见，才能将政策导向和企业技术创新需求结合起来，避免因为税收立法不够透明而产生的税收政策效果的弱化。

（四）企业技术创新优惠政策的制定风险意识不足

税收优惠政策的设计没有充分考虑到开展技术创新企业面临的风险，企业在技术创新中不仅要面临巨大的研发风险，还要直接面临市场风险和技术流失风险等。当前我国企业技术创新税收优惠政策仅仅是针对企业受益进行优惠，没有考虑到企业技术创新的其他方面。当前，我国对企业技术创新的税收优惠主要集中在成果转化上，鼓励重点是成果转化，而对研发投入的前期优惠力度不大。

现行有关税收政策的重点虽然也对企业技术创新起到了积极的激励作用，但是这使得企业把重点放在了技术引进和高新技术产品生产上，而对建立科技创新体系和研发新产品方面的投入则存在严重不足。在生产和销售方面的税收优惠集中使得创新的过程没有被重视起来，重视经营成果的税收激励最终会抑制企业承担风险和积极创新的热情，导致对中间产品的投入出现不足。一旦企业研发失败，就享受不到优惠政策。实际上，政府没有承担企业投入损失的风险，挫伤了企业技术创新的积极性。

二、企业技术创新税收政策执行不到位

（一）企业对技术创新政策理解上的差异造成执行不到位

我国企业技术创新税收政策制定层次相对较低，因此存在各个方面的问题，企

业对于这些方面的理解必然会存在较大的差异，使得企业的执行力度大打折扣。而企业技术创新税收优惠政策的理解差异不仅仅贯穿于企业技术创新税收优惠政策的制定和政策的领会中，而且还在政策的决策机制和政策的执行条件方面存在。这些无疑会给企业创新税收优惠带来一定的困难。

（二）地方政府对企业技术创新的税收优惠政策认识不足

企业的技术创新需要一定的条件，有内在的规律。技术创新的初期往往是投入多、产出少。企业的税收增长没有影响，甚至会产生负增长。对于过去我国过分关注区域GDP的政府官员来说，鼓励企业创新，有"赔本赚吆喝"的感觉，执行企业技术创新税收优惠政策的积极性必然受限。所以对于政府的官员来说，必然会多收税少优惠，在执行企业技术创新过程中不可避免地要打折扣。政府技术创新方面存在一定的短视行为，给企业的基础创新带来了一定的损害。因此，政府税收管理体制与企业技术创新活动之间的矛盾也降低了税收政策的执行效率。

三、现行税制方面存在的问题

（一）企业的核心地位不够凸显

我国的技术创新税收优惠政策涉及的激励对象之中，虽然企业涉及的税收优惠对象占比较大，但是和科研机构与个人等其他对象相比，差距并没有拉开，所以企业作为技术创新的主体应该占有核心的地位，可是这一点并没有凸显出来。

（二）直接优惠比重过大

企业的直接优惠能够以较高的透明度刺激企业，但问题是只能落在已经从技术创新中获益的企业，产生了锦上添花的作用。实际上，促进企业技术创新，应该做的是雪中送炭。所以对于企业技术创新的作用来说，这种方式的引导作用有限。而间接优惠的好处则在于充分发挥了市场的导向作用，通过建立"政府引导市场，市场引导企业"的机制，积极公平地促进企业开展技术创新。当前我国现行的技术创新政策中，直接优惠占比过大，但是间接优惠则较小，对企业技术创新产生了负面的影响。

（三）企业税收优惠的激励点需要改进

从技术创新的角度出发，企业技术创新包含着多个环节和多个阶段。因此，一个合理有效的技术创新优惠措施应当能够从技术创新的多个环节入手，推动技术创新的成果顺利走向商品化。而我国当前的技术创新优惠主要集中在技术创新的生产投入阶段。对于技术创新已经成功的企业，这些帮助无疑是起不到作用的。对于那些有希望成为技术创新成果，而且困难也相对较多的研发活动来说，却没有得到激励。显然这种政策方式非常不合理，不能有效起到支持企业创新在市场中发展的作用。

四、现行税收优惠政策存在的问题

(一)没有对企业技术创新优惠政策进行有效评估

税收是政府用来筹集收入的一个工具。政府的税收优惠政策实质上是一种税收支出。从广义的角度理解,这种激励企业技术创新的优惠应该进行妥善的成本-效益分析才能正式落地。对于那些已经存在的税收优惠政策,可以考察其利弊得失,再次进行评估,保证其经济效果。但是,当前我国企业技术创新税收优惠政策绩效评估模型,没有对税收优惠政策的效果进行有效评估和考核。而现行企业制度也在阻碍这种考核进行。税收优惠政策没有经过考核,就无法准确评估其效益。对于已经接受税收考核评估的企业来说,政府无法对其纳税行为进行准确考查。我国企业中的全成本核算制度使得税收优惠政策集中在企业的技术创新成果转化阶段。对于企业的真正需求阶段,税收优惠没有起到有效的作用。

(二)企业技术创新税收优惠政策的国际协调不够

在经济全球化飞速发展的浪潮下,我国政府必须重视税收优惠政策的国际影响。WTO规则中对我国企业技术创新的税收政策具有针对性影响的主要是《补贴与反补贴措施协议》(以下简称《协议》)。《协议》规定,政府或者其他公共机构对企业的财政资助或者其他形式的帮助都应该视为补贴。《协议》强调了补贴对贸易扭曲和公平的影响,规定了禁止性补贴、可起诉补贴以及不可起诉补贴等类型。依据《协议》规定,对产业研究超过合法成本的75%、竞争前开发活动的合法成本的50%,或者介于两者之间情况的62.5%,都是不可起诉补贴范围。其他就应视为可起诉补贴和禁止性补贴范围。针对这种情况,我国企业必须做好记录,将补贴定义为不可起诉的范围。否则在贸易活动中就会陷入被动。而依据我国现行税收补贴方式,我国企业必然要在国际竞争中吃亏。因此,对于一个企业来说,税收优惠是一把"双刃剑",税收优惠的范围超越企业开展技术创新的范围,不仅影响政府的收入,而且还会影响技术创新优惠的激励效应,诱惑企业把精力放在非生产活动上。

(三)中小企业风险融资的税收激励力度较弱

在我国现行税制中,企业风险投资有关的税收优惠政策激励相对较少;同时,中小企业技术创新有较高的风险性,也很难获得银行的信贷支持,而我国政府的直接财政补贴效果又不明显。这就需要构建一个以高技术产业创新活动为主体的风投体系,通过税收优惠鼓励更多的创新风投企业加大对高新技术产业的投资,从而保证中小企业在技术创新活动中获得融资。

(四)鼓励人力资本投入的税收政策缺乏

当前,我国个人所得税体制对科技人才的技术奖励免税的门槛相对较高。只有取得省级人民政府以及国际组织颁发的奖励,或者国务院颁发的科技进步奖励,才可以免交个人所得税。而且我国现行税制对科技人员的创造发明和成果转让也征收个人所得税,使得科研成果的转化率降低。在其他方面,科技人才的投入并不能免征个人所得税。这就抑制了个人对自己的投资，使得中小企业在长期的发展中缺乏必要的人才激励机制，难以调动科研单位和科技工作者进行创新的积极性，更不用说进行个人人力资本投资，对我国科技行业的发展具有较强的抑制作用。

总之，对于我国现行税收优惠来说，应该进行充分的调研，在获得数据的基础上，集中解决这些问题。接下来，本书依据这些问题，提出了针对企业创新的税制建议。

第三节　优化企业税制创新的具体建议

从以上的论述可以看出，对于我国企业来说，现行的税制和税收优惠并没有特别突出的激励作用，在细节上有所欠缺。本书站在上述问题的基础上，对我国企业的税收优惠政策进行阐述。

一、我国激励企业技术创新的税收政策优化原则

针对企业技术创新的税收优惠政策应该有明确的目的，在特定的时间和范围内针对特定的对象增加税收原则的规定。因此，我国企业技术创新的税收优惠政策应该遵循以下原则：

第一，税收优惠应该对企业技术创新发挥一定的导向作用。政府应该根据当时的经济和科技政策的需要，有针对性地制定配套政策，从而对市场机制的资源配置过程产生影响，促使经济资源向着政府合意的方向流动。

第二，税收优惠要能够依据成本收益发挥调控作用。从本质上看，政府的税收优惠是一种公共服务支出，目的是创造一定的公共服务产出，否则有悖社会公平原则。税收优惠在影响企业技术创新成本和收益方面有非常重要的作用，应该成为税收政策发挥作用的切入点。

第三，税收优惠应该有利于企业降低技术创新风险。技术创新的风险较高，一方面应该依靠企业的自身技术和财务手段予以化解，另一方面应该由政府采取相应的优惠政策降低企业的风险。税收优惠政策能够从各个环节帮助企业降低技术创新的风险，尤其是初始尖端的风险。

第四，税收优惠应该对企业技术创新成果的产业化有利。企业技术创新的成果只有产业化，才能够真正促进经济的发展。税收在这个方面往往可以发挥十分重要的作用。对科研机构的税收优惠政策能够帮助其科研成果向企业转移，促进科研成果的市场化。

第五，税收优惠应该对企业自主创新机制的产生和发展有利。税收优惠应该对企业形成健康、稳定的资助创新机制，在成功的创新和增加研发投入之间形成一个强大的正反馈循环，从而建立一个高效的循环系统，提供持续稳定的创业动力与

活力。

二、激励企业技术创新的具体税收政策建议

（一）建立支持企业技术创新税收法律体系

发达国家非常重视对企业技术创新的法律保护，并且形成了一个完善的法律体系。尽管改革开放四十年以来，我国已经逐步制定和形成了若干与企业技术创新相关的法律法规与政策措施，各个地方政府也推出了一定的政策支持。这对于我国企业技术创新来说，起到了十分重要的支持作用。然而，我国现有的企业技术创新支持体系基本上是对税收法规的部分修改和补充，比较散乱，缺乏一系列的专门性法律法规。从经济与法制化的角度来看，我国应当尽快建立完整的支持企业技术创新的税收法律体系。

（二）优化现行税制结果

营改增税收改革已经全面落地，对于国家的经济发展必然产生非常深入的影响，同时也会对企业的科技投入与创新行为产生重大的影响，增值税纳税人实际的税收负担高低取决于所能抵扣的进项税额。对于依靠技术创新和资本形成的高科技企业来说，这种税收负担制度相对较高。那些高科技企业的税收负担更重。因此，对于知识密集型企业来说，增值税改革存在一定的不公平。之后的改革中，应适当降低流转税的税收负担，解决高科技企业的税收负担偏重的问题，降低企业的税负水平。

（三）对企业享受税收激励政策的条件进行限制

对于中小企业来说，他们进行技术创新往往是白手起家，很多方面都不具备条件。对于当前国家对企业自主创新的要求来说，很多中小企业都不具备基础条件。因此，对于一大部分中小企业来说，其技术创新并没有享受到税收激励政策。而且在地方税务机关的审查活动中，还存在一定的寻租活动。这给正在创新的中小企业无疑增加了一些无谓的烦恼。因此，要使中小企业获得税收激励政策的支持就应该改革我国当前的税收激励政策适应条件，审查我国当前的中小企业实际条件，降低政策享用门槛。

（四）明确相关税收激励政策

现行的税收激励政策概念模糊不清，标准不统一，在具体操作中存在偏颇的问题，使得人们无法有效利用这些条件。这些问题很容易让一些不合规的中小企业钻空子，给企业的税收带来损失。而且，一部分中小企业的财务人员素质相对较低，不能准确记录研发费用的状况，给企业审查带来了很大的麻烦。因此，基于这个方面的问题，可以从当前税收优惠的需要出发，加强对这些人员的培训，同时也对研发费用的会计制度进行整理，堵住这些技术上的漏洞。

（五）重视税收优惠政策的搭配

企业重视税收优惠政策的搭配，主要包括两个方面：一方面是重视各个优惠政策之间的搭配，另一方面则是重视税收优惠政策和其他政策之间的有效搭配。因为

对于高新技术产业来说，税收优惠政策是多样的，税率和税收优惠是直接的优惠方式，而且这种优惠方式可以分解出多种政策。企业可以把一些简单又直观的税收优惠政策和那些灵活有效的税收政策相互衔接，为自己获得收益提供更多的支持，产生"1+1>2"的效果。一些高新技术企业不仅会受到税收优惠政策的影响，而且还会受到财政和投资等其他方面的政策影响。因此，企业在运用税收优惠政策的过程中，要考虑到这些政策之间是否存在冲突。

（六）强化企业研发过程的税收支持

当前的科技税收优惠政策只是对科技创新的收入给予减免，对当前的研发活动本身的支持不够。因此，应该对企业的所得税优惠进行改革和完善，依据国家产业政策的导向，对一些需要重点扶持的产业和企业研发行为的税收优惠方式进行引导，鼓励企业增加技术创新的投入。

（七）完善技术创新的融资渠道

在技术创新中，可以通过融资渠道的税收优惠增加企业创新投入。因此，企业技术创新投入的增加可以通过构建一个多元化的融资渠道实现。首先，应该鼓励社会资金的捐赠行为，为企业、事业单位、公益性社会团体的科技型创新创建一个妥善的融资渠道，允许作为一种税前扣除的方式。其次，支持风险投资企业向企业技术创新注入资金，构建一个完善的风投体系。政府应该通过给予从事创业风险投资的企业一定的税收优惠政策，促进更多风投企业关注中小企业。最后，给予风险投资企业一定的支持，指导他们应对市场的变化，采取投资减免和退税优惠政策等。

第八章　政府资金资助企业创新的管理研究

第一节　用于企业创新资金的预算制度

一、政府预算的概念与特点

政府预算（Public Budget 或 Government Budget）是指由各级政府编制的，包括预算指导思想、预算编制原则与方法，并在此指导下形成的公共资金的收支计划。按法律程序，预算须经人民代表大会（或西方国家议会）通过，成为政府必须执行的法律文件。

从企业创新支持资金的角度来看，政府预算主要是指政府按照相关法律文件的要求管理政府支持企业创新发展的资金，具有较强的计划性。

与企业预算相比，政府预算具有以下特点：

第一，政府预算具有强制性、无偿性。针对企业创新，政府预算计划性很强，而且资助企业创新也具有无偿性。对于受款单位来说，并不需要归还。而政府预算资金的无偿性与政府预算资金的取得，与税收的无偿性有关。

第二，对于预算安排，不同的人有不同的需求。政府预算存在着众多的预算行动者。这些预算行动者对待企业自主创新有不同的态度，企业自主创新的预算要受到这些人的影响。

第三，政府预算需要进行公共协商。政府预算体现了公共委托-代理关系。在政府预算中，官员花的不是他们自己的钱，而是公民的钱。因而他们存在着过分偏离公共需求，借公共利益之名，用自己的偏好替代社会偏好的可能，也存在着被公民赶出办公室的可能。为了建立足够的内在统一性来指导决策，需要建立政府预算程序。政府预算程序实质上是在竞争的团体和利益团体之间建立的协商机制。

第四，政府需要通过预算文件来说明政府预算的可靠性。预算一经通过就会成为当年的法律。政府必须建立预算文件，说明资助企业创新支出的可靠性。

第五，政府预算执行缺乏弹性。凡是列入预算的资助企业创新项目，在经过人民代表大会表决通过后，政府必须保证执行。政府预算的这一特点既是其优点，也是缺点。从优点方面说，它为政府各部门提供了明确而稳定的资金来源，各部门可以根据预算文件来安排资金，有计划地提供服务。而从缺点方面来说，由于在预算执行期内政治、经济形势会发生变动，如果没有足够的预见性，就会面临着巨大压力。

二、对于政府预算资助企业创新的不同解释

自政府预算产生以来，人们就一直在讨论着政府预算的本质问题。政府预算本质不仅是理论问题，也是涉及政策取向的基本问题。不同的政府预算本质理论有着不同的政策取向。

（一）公共资源配置论

这一观点在现代经济学中比较普遍。例如，美国经济学家、财政学家马斯格雷夫就提出著名的公共财政三项职能的理论，即资源配置、收入分配和稳定。在经济学家看来，政府资助企业创新的预算首先是指政府在资助企业创新这一职能上花多少钱的问题。公共资金管理是政府的核心职责，而公共资源存在着稀缺性，因此，公共资金预算的实质是一个公共资源配置问题。这一观点还认为，由于公共资源存在着稀缺性，因而政府在配置公共资源上必须讲求效率。也就是说，政府理财不仅要求收支平衡、不同利益团体之间的平衡，更要求财政效率。

（二）不同利益集团的斗争和妥协论

还有学者指出，从政治学的观点看，政府预算问题实质上是一个决定谁能从公共支出中获得更多利益的问题，因而属于政治范畴。现实的政府预算资金分配并不是按某一观念形成的理想模式，而是不同利益团体的博弈结果。政治过程，即不同政党和团体之间通过议会方式进行的斗争和妥协是解决矛盾的有效途径，而预算过程提供了这一机会。在我国则不存在这个问题。从我国参政群体的实际情况来看，政府预算支持企业创新的资金是企业界代表为自身发展而争取的政治果实。

这一理论认为，衡量政府预算的理想标准，既不是效率，也不是公平，而是那种尽管从利益上看各方面都不甚满意，但又大体上能满足基本利益的预算。而最坏的预算是那种将公共资源用于少数人，即少数人获利的预算。因此，利用政府资金支持企业自主创新，必须要考虑到资助的效果，让各个方面都能够满意。

（三）公共委托-代理费用论

这是制度经济学中广泛地应用于解释政府预算的理论。这一理论认为，政府预算是一种委托-代理关系。这就是说，由于公共事务具有非私人性，无法由个人或者企业等私人组织承办，为此，社会需要建立一种公共委托-代理机制，即人民将公共事务管理的责任连同预算管理，交给公共部门。因此，政府是公共利益的代理人，而预算是代理成本。

按这一理论，代理人（政府）必须对委托人（人民及其代表）负责，即"受人之托，忠人之事"，而人民代表大会有权讨论并通过预算，并审查政府的支出效率。

"瞎子摸象"的故事告诉我们：站在不同角度，人们看到的是政府预算本质的不同方面。但事实上，象就是象，不是像什么。为此，政府预算的本质就是它的自身，而不是"像什么"。总之，复杂的事物是多面体，因而不同的人持有不同立场，做出不同的引申结论是正常的。

三、对政府预算职能的再认识

（一）保障论

政府预算属于公共资金分配问题，它是对国民收入的分配和再分配，目的是保障政府各项功能的实现。在我们列举的财政本质理论中，无论是公共资金分配论、不同集团和阶层的斗争和妥协论，还是公共资金收支平衡论，虽然它们在对政府预算的性质描述有差异，但在公共预算的保障作用这点上，它们是共同的。因而我们可统称为"保障论"。

由于政府各部门的职能不同，因而只能以政府的名义统一筹措公共部门经费，而不应当由各职能部门自行筹措经费。财政就是筹措和分配公共资金的机构，而政府预算是实现这一职能的手段或工具。

国家分配论还认为，由于财政收入具有无偿性，因而政府预算资金应当实行无偿供给制，目的是"养活"部门，为社会提供公共服务。或者说，财政应当保证公共资金用于公共用途，至于在部门获得资金后，向社会提供多少服务，则已经超出了财政分配的范围，应当是部门，而并非财政分配的事。国家分配论认为，评价财政资金的分配结果应当有两点：一是用于公共用途，而不是私人用途。二是合比例，因为只有合比例，才能保证各项事业全面发展，才能有效益。

应当说，保障论是符合财政产生的初衷的，也是容易接受的政府预算理论。保障论也有助于解释政府资助企业自主创新的原因。企业从事自主创新具有较强的外部性，而且对社会经济发展具有重大意义。政府的支持能够给企业带来额外的收益，刺激企业加快创新，保障企业的基本收益。

（二）公共管理论

公共管理论认为，政府预算是公共委托-代理的产物。公共部门的存在，既有政治原因，又有效率原因，即人们将公共事务委托公共部门管理更加有效，能够节省全社会的资源。为此，只有那些比私人管理更加有效的事业，才需要纳入政府管理。进一步说，公共资金分配属于表象，在其背后政府预算承担着配置公共资源的职能。由于公共资源同样符合稀缺规律，因而，政府预算的功能不仅是分配资金，而是一种配置公共资源的有效手段。由于公共资源的配置是通过管理来进行的，因而事实上它是公共管理手段。该理论还指出，衡量预算的标准应当是财政效率，即能否增进公共福利，或者在多大程度上增进公共福利。而按比例分配资金是在计划经济这一特定环境下，特定的财政效率问题，因而不具有普遍性。政府预算的任务：一是公共性，即监督公共资金的使用，财政资金只能用于增进公共利益，而不能用于私人方面，更不允许为私人占有；二是有效性，即有效地配置公共资源，促进财政效率提高。

从企业自主创新的角度说，企业进行自主创新总是要考虑到收益。而对于一些市场效益相对较低，但是对于国家和社会发展仍然具有较大意义的项目来说，这些创新仍然具有重大意义。如果不对企业进行资助，那么企业有可能不再从事这方面的工作。对于国家来说，这无疑是一项损失。因此，资助这一部分企业从事这方面的创新仍然非常有必要。

四、加强政府预算观念改革

对于政府来说，加强预算管理，本质上也是一种理财。从资助企业创新的效率角度来说，主要讨论三个方面的观念：花钱买效果的支出观、有效供给观和公共支出的公平观。

（一）花钱买效果的支出观

政府资助企业创新的目的是在预算中必须要明确的基本问题。有两种答案：一种答案是，政府花钱的目的是购买公共服务，花钱买效果；另一种答案是，政府花钱的目的是养机构、养人。可以将前者称为报酬论，将后者称为费用论。显然，政府资助企业创新是为了得到明显的科技进步效果。

1. 费用论

费用论也称为成本论。持这一观点的学者认为，政府预算是实现公共服务产出的一种成本或投入，即公共服务费用。财政是政府资金供给的专门机构，或称"总账房"。其任务是为行政事业单位提供资金。

站在资助企业创新的角度来看，费用论认为政府预算的作用主要包括以下几个方面：

第一，花钱养机构，花钱养人。既然财政拨款的目的是"养政府机构，养人"，那么，政府预算应当反映的是养政府机构的费用或成本。按费用论观点，财政支出大体上可以分为人员经费、办事经费和建设经费三大类。预算资金的分配程序应当是：首先考虑人员经费，即保证各行政事业单位的存在。其次是办事。

第二，过程管理和投入预算。财政部门必须要参与到企业从事创新的过程管理之中，例如对资金的事前监督、事中监督、事后监督等。

第三，按要素来管理预算。按照费用论的观点，为了保障政府机构的供给，加强管理，政府预算应当按支出要素来编制。按要素来管理预算既是建立分配预算资金程序的要求，即在财政资金困难时，应当先保证工资、公务费等支出项目，也是实现财政支出"过程管理、过程监督"的要求。这就是说，预算资金分配必须细化到工资、公务费、购置费、修缮费等支出项目，并规定它们只能用于规定用途。

第四,合规性审计。费用论还认为,为了保证政府的资金不被滥用,必须建立审计制度。政府审计的基本目标是防止财政资金用于私人方面。在我国,无论是审计法,还是财政监督条例,都是为此而设计的。

2. 报酬论

报酬论也称为购买论,这一理论是以社会上存在着公共部门和私人部门,两者之间发生着商品和劳务交换,即商品货币关系为基本前提的。从资助企业创新的角度看,报酬论的论点是政府预算购买各项具体公共产品的价格。

而政府之所以资助企业创新,是因为要"购买"公共产品,并转化为公共服务。因此,虽然说政府与所属行政事业单位是一种领导—从属关系,但从经济关系实质上说是一种委托-代理关系。而公共产品理论就是试图把这种关系形象化,政府预算就是购买各具体公共产品的价格。它决定政府要花多少钱购买每一具体的公共产品。因此,报酬论也就是政府"花钱买服务,花钱买效果"的支出理论。

报酬论认为,既然财政拨款是一种"购买"行为,就有一个价格问题,这一价格应当由供求来决定。这就是说,公共产品也有个供给和需求的问题。因此,我们可以用供求曲线来表示公共产品的成本和需求,如果政府提供的公共产品的价格过高,需求就会减少。既然政府预算是购买公共产品的价格,那对于政府来说,就有一个购得的具体公共产品与支付的钱是否适应的问题。为此,政府预算的分配必须同时考虑以下三个问题:①政府要购买哪些公共产品?②政府出什么价钱来购买?③社会能从这些公共产品的消费中获得多大的利益,即政府支出的效果是什么,有多大?

总之,报酬论强调应当按"部门+功能"来设置政府预算支出科目。因此,也有人称这种预算为"功能预算"。报酬论的预算政策可归纳为以下两个方面:

第一,财政拨款的依据是部门的业绩——增进公共利益。从报酬论的观点看,财政并不是一个部门,而是政府总体活动中的一个基本方面。政府向行政事业单位拨款并非为了"维持"其存在,而是为了购买其劳务产品。

第二,结果导向管理。在政府管理问题上,与费用论强调的过程管理不同,它强调结果导向管理。按报酬论的观点,管理过程属于行政事业单位的经营问题,应当主要由它们自己进行,财政参与过多,不仅不利于充分发挥部门作用,也易造成责任不清。既然政府与部门是一种公共委托-代理关系,那么,政府的重点不是过程,而应当是结果,即评价支出部门的绩效考核。当然,为防止公共资金用于私人用途,财政必须建章立制。

(二)有效供给观

公共支出的有效供给观是在批判传统的"满足需要论"基础上产生的。"满足需要论"是指财政是政府筹措和供给公共资金的部门。因而,财政资金的供给范围必须与政府的活动范围相一致,而在供给方式上,应当以基数法为主,实现无偿供给,只有这样才能与财政资金的无偿性相适应。有效供给观的基本观点是,既然公共财政资金是不可能满足所有公共需要的，就必须转变观念，以顾客为对象，以向社会提供有效服务为目的，重点保障政府基本的财政资金需求。

所谓有效供给是指对有财政效率的公共支出的保障，而不是无论有无效率、"有求必应"式的公共支出保障。公共资源配置理论告诉我们，公共资源是有限的、短缺的，每个人都希望占有更多的短缺资源，这是正常心态。而在市场条件下，人们会通过市场竞争方式来配置资源，市场竞争将奖励那些管理有效的企业，淘汰那些管理、技术落后的企业。而公共资源的无偿分配方式加上短缺的资源，无法满足所有部门的支出需要。于是，政府就产生了公共部门竞争的特殊方式——权力竞争。然而，权力竞争是一种行政的资源配置方式，它会产生财政低效率问题，使得公共资源配置无效率。

有效供给观认为，既然政府的公共事务可以分为基本公共事务和可选择公共事务两类，而基本公共事务是政府的优势，也是财政支出效率最高的事务。从理论上说，在政府资金不可能全面满足需求的情况下，"有效供给"是指首先保障基本公共事务的资金需求。可选择公共事务是指那些政府可办，也可以不办，但办了会增进地方居民福利的事务。按分类，它们属于准公共产品。对这类事务的资金提供，通常需要采用成本分担方式。具体地说，一是取决于地方政府的财力可能；二是即使拨款，政府也不必大包大揽，而应当采用"政府适度补贴，民办公助"的政策来提供资金。站在企业自主创新的角度上说，政府对企业创新的支持就应该首先关注那些能够提高基本公共事物效率的创新项目，其次是可选择的创新项目。

有效供给是一种对公共服务的资金"有限保障"的制度。边际效用递减规律告诉我们，公共服务达到一定数量和质量后，再增加的服务（边际）的效用是递减的，而费用却是递增的。因而，在公共产品提供上应当有一个限度，不必追求无限好。例如，城市治安应当允许存在着一定的发案率而不必追求"道不拾遗"。因为，一方面，这在技术上做不到；另一方面，即使在技术上能够做到但成本过高，它也将大大地降低公共资源配置效率，造成公共资金的浪费。为此，政府建立公共服务标准是重要的。

必须指出，"有效供给"是随着政府绩效管理而产生的财政支出新观念。它是针对公共资金不足而提出来的，其依据是财政效率。它是科学的理财观的重要部分。从保障供给到有效供给，是人们对财政认识的深化。

（三）公共支出的公平观

1. 重新审视效率与公平的关系

有人说，既然科学的理财观强调效率——以财政效率为核心，就必然会牺牲公平，即普通居民的利益。我们认为，这一说法是不符合实际的，也是没有根据的。为人民服务是我国党和政府的宗旨，它既指当人民有具体困难时可以获得政府帮助，也指给人民以平等的权利，包括政治权利和享有各种公共服务的权利。因此，公平是我国政府既定的政策目标。而且公平与效率并不总是相互排斥的，两者在一定的条件下是可以统一的。我们期望的是建立在公共资金有实效基础上的公平。当然，脱离中国实际的公平会使政府资金大量用于非经济性支出，产生"挤出效应"，影响经济发展，这种情况是我们应当避免的。

我们需要的不是一般意义上的公平，而是财政公平，即基本公共服务的最低公平。"基本公共服务"是指与居民日常经济和社会活动密切相关的公共服务，如教育、治安、基本社会保障、水利、医疗卫生、自来水、道路等。它涉及人的基本权利，属于人权的组成部分。

2. 坚持基本公共服务的最低公平的底线

基本公共服务的最低公平是根据科学理财观的要求和我国的财力实际以及东、中西部地区经济、财政状况差异的现状提出来的。经过 40 年的改革开放，经济的高速发展使我国进入了"二元经济结构"。在我国，既有国际先进水平的企业，以及进入现代化的城市经济群，又有落后的、作坊式的企业，以及小生产的农民。这种生产力差异带来了地区之间经济过于悬殊的现状，使得在财政政策上，我们不可能采取"一刀切"的公平政策，而只能采取基本公共服务的最低公平的政策。

既然我国现阶段的公平是指基本公共服务的最低公平，那么，在公平目标确定后，就需要高效率的政府来保证实施。有人说，公平与效率是"鱼与熊掌，不可兼而得之"，而通过公共理财的目标调整，我们是可以做到既要财政公平——基本公共服务的最低公平，又要财政效率的。这就是科学的理财观的要求，也是建设和谐社会的要求。

3. 效率与公平相统一的理财政策

（1）重新认识财政公平与财政效率的关系。

财政公平的目标必须是有限的，是现有财力下可以实现的。对上述多项财政公平的政策目标：教育、治安、基本社会保障、水利、医疗卫生、自来水、道路等，我们必须仔细地计算财力可能。将那些社会效果大，而矛盾又比较尖锐的问题放在财政公平目标的首位。

（2）合理地确立公平目标。

虽然公平和效率是从不同的角度提出的，但是，它们的实现都必须有一定的财政资金。既然公平是一种观念，那么，就存在着公平目标的定位问题。过高的公平目标就会使得政府资金大量用于公平目标而牺牲了经济发展。印度发展教育的经验表明，公平的目标不是越高越好，而是必须与经济和社会发展的要求相适应。

（3）采取渐进的策略。

从道理上说，社会政策既是一种短缺资源，又是不可重复生产的公共产品。当人们发现某一政策有重大失误时，错误已经造成了。为此，现代行政学提出，应当将社会改革看作不断试错的过程。与经济学家追求的"理性—综合改革模式"相反，现代行政学提出，改革应当是一个渐进过程。

第二节 资助企业创新的绩效管理研究

一、政府绩效管理的含义

政府绩效管理（Government Performance Management，GPM），是指政府根据财政效率原则及其方法论，以绩效目标的建立、实施、评价反馈为基本环节的公共资金管理制度。绩效管理是将政府预算管理观念落实下去的一种方式，有利于突出政府预算效果和实现公共服务的有效供给，能够将效率与公平的指标综合起来。具体来说，绩效管理有以下这些方面的优势：

（一）绩效管理是一项制度

公共管理通常分为制度和方法两类。制度是根据某种理论、原则制定的行为规则，具有长期性、全面性和稳定性的特点。而方法是指解决某些具体问题时的技术路线或办法。

制度具有长期性，将会长期规范人们的行为。而方法仅仅是一时、一事有效；制度具有全面性，它能全面地规范和评价人们的行为，无论在何时何地，只要具备了相应条件，制度就会对行为起到约束作用和评价作用，而方法的约束和评价作用是有限的；制度具有稳定性，它一旦形成，就能比较稳定地持续下去。绩效管理是一项制度，这就是说：①它具有制度的长期性、全面性和稳定性特点；②它是根据科学理财观的要求，将符合现代行政管理规律的理论和方法论加以条理化、系统化、固定化的结果。因此，如果说部门预算改革主要是一种方法变革，那么政府绩效管理属于制度变革。

（二）政府绩效管理的主体是政府

作为一项制度，我们就必须搞清主体、客体和内容三个基本问题。政府绩效管理的主体是各级政府，而具体实施者为财政部门。这包含着以下两层意思：

第一，各级政府应当对本级政府所使用的资金进行绩效评价，财政是这一指令的执行者，通过评价发现财政低效率的问题。绩效评价既包括对经常性经费进行的评价，其对象涉及党政机关的绩效，也包括对专项资金的绩效评价，其对象是资金使用的部门。可见，通过评价将所有的政府工作和政府部门纳入了绩效评价体系。

第二，上级政府应当对下级政府的资金及其效果进行评价，例如，既可以对某些资金，如教育、卫生资金进行效果评价，又可以对专项资金、政策配套资金等进行效果评价。通过评价总结经验，并推进某一方面的工作。

（三）政府绩效管理的对象是公共支出

政府绩效管理的对象是公共支出，这里至少包括两层意思。

第一，政府绩效管理与企业绩效管理不同。绩效管理始于企业，然后应用于政府。企业绩效管理和政府绩效管理的区别有以下几个方面：

在内容上，企业绩效管理主要按事先设定的绩效标准，对企业、部门和员工的业绩进行评价；而政府绩效管理具有更丰富的内涵，它应当包括绩效指标设定和拨款、绩效目标的实施和绩效评价三个基本环节。

在方法上，虽然政府和企业在绩效管理上都可以采用绩效评价，但企业绩效管理包括对过程的评价和对结果的评价两种方式，而公共支出绩效评价是指事后评价，即对结果的评价。

在价值取向上，虽然两者都指向效率，但前者指向企业的效率——经济效率，而后者则指向财政效率。财政效率是社会效率的重要方面。

第二，政府绩效管理的对象是公共支出。财政效率是指公共支出（无论来自财政拨款或非财政拨款）取得的社会效果。政府绩效管理是财政效率理论在制度建设上的应用。评价政府绩效既要看产出——是否增进和多大程度上增进公共利益，这些公共利益应当是可以量化和测定的，又要看投入——政府为取得上述业绩投入了多少钱，更要将评价与投入的钱相比。因此，与过去的政绩观——只要达到目标而无论投入多少钱的观念不同，绩效管理是对政府业绩的综合评价。

从上述两个方面来看，政府绩效管理的目的是通过检查和评价等方式，改变传统的政府资金无偿性带来的拨款与效果脱节，提高公共资金效率。因而，绩效管理限定在公共支出上。

凡是使用公共资金的单位，无论是行政单位、事业单位等公共部门，还是接受政府委托、提供公共服务的单位，如非营利组织等，都属于政府绩效管理的范围。如果单位的资金并非来自公共资金，那么，就不属于政府绩效管理的范围。公共资金是一个广义的概念。它既包括预算内资金，也包括预算外资金，还包括制度外资金。至于不同性质的公共资金怎样进行绩效管理，则属于技术方法的问题。政府绩效管理的重点是公共资金的支出管理，但有时也包括收入管理。就是说，虽然政府绩效管理的重点是公共支出，但公共收入也存在着绩效管理问题。总之，公共收入也可以进行绩效管理。

（四）政府绩效管理依据财政效率原则及其方法论进行

政府绩效管理是由财政效率原则以及相应的方法论构成的公共支出管理制度。政府绩效管理是以财政效率理论为依据的。依据前面的论述，财政效率是一个公共资源的配置效率问题。它既不同于一般意义上的经济效率，也不同于行政效率，而是依据公共产品成本、拨款与公共服务质量、社会效果等，创造的特殊效率概念。作为一项制度建设，它吸收了公共委托-代理制度理论的成果，并将它作为制度建设的理论依据。这就是说，部门既是政府行政机构，又是某一方面公共事务管理的受托人，而预算是委托费用。因此，绩效评价实际上是委托人对受托人的受托效果的验收评价。政府绩效管理有其特殊的方法论。由于政府效率问题的特殊性，因而，它在方法论上也有自己的特点。这就是：①将公共资金的管理分为绩效指标建立、绩效预算（拨款）和绩效评价三个基本环节，这一点与企业的绩效管理不同；②在方法论上多种管理模式并存，主要有绩效拨款—评价模式、企业化管理、政府管理的市场化和非营利组织管理四种形式；③绩效预算的编制与绩效评价必须根据不同行业的特征值进行，行业不同，特征值指标也不同；④在公共支出评价上，针对不同性质的支出，存在着绩效评价和项目评价两种方式。这些方法，有的我们已经接触过，如项目支出评价等，有些是新的、尚未遇见的。

二、绩效管理的相关概念

绩效管理需要一定的术语，研究这些术语及其内容是绩效管理原理的重要组成部分。

（一）绩效和绩效目标

1. 绩效

绩效是指可以用量化的指标来描述和测定的，已经实现的事业目标或事业效果。事业目标和事业效果虽然都属于产出，但它们的内容有时是有区别的。

事业目标是做事或财政支出所要达到的直接目的。事业效果也称为社会效果，是指其产生的经济或者社会影响。按不同的价值标准，结果可以分为直接效果（短期）、中期效果和长期效果等。

政府绩效管理通常并不是对目标，而是对效果（结果）的评价。因此，我们在实施绩效管理中应仔细地区分事业目标与事业效果，在确定绩效指标时，应尽量选取那些能够描述公共支出经济和社会效果的指标。

2. 绩效目标

绩效目标是指以若干可量化的特征值指标来描述事业效果，通常包括质和量两个方面。

（1）绩效目标是事前设定的事业效果指标。

在政府绩效管理中，绩效指标与绩效目标是两个不同的概念。前者是指通过什么来测定绩效，后者是指人们事先设定的事业效果计划数。这一业绩标准既可以是实物量，也可以是相对比例。

政府绩效管理的基础是现代目标管理理论。目标是政府绩效管理的重要问题。目标管理是传统管理与现代管理的分水岭。这一点既适用于企业，也适用于政府。

（2）绩效目标必须具有定量性和可测量性。

通过绩效目标指标来描述和反映政府支出效果，是政府绩效管理的基本思路。绩效评价结果关系到个人、单位业绩，因而客观公正地评价业绩的意义重大。根据西方国家的经验，要做到这些，首先要设置一个好的绩效目标指标体系：一是绩效指标应当是定量的，而不能仅仅满足于定性要求。通常，我们将定量的绩效目标称为绩效目标指标，或者简称为绩效指标。定量化是绩效指标的基本特点，它与行政管理的定性管理是不同的。二是绩效指标必须具有可测定性。就是说，它应当是我们能够应用现有的技术手段测定的。而且，测定结果应当不存在争议。

（3）有时绩效目标需要多个指标来描述，形成指标体系。

绩效指标有时需要多个指标来描述，形成指标体系。这是因为：

首先，受上述条件限制，有时往往用一项指标很难全面地反映事业效果，这就需要同时应用多项指标，从不同侧面反映某一事业的效果。

其次，绩效目标通常包括公共服务的质和量的指标，这也需要多项指标。公共产品属于服务产品，而不同于物质产品。由于服务产品具有生产和消费在时间和空间上的统一的特点，而物质产品的生产和消费具有时空的可分离性，因而对于服务产品的量和质的界定，有时需要多个方面的指标。

最后，对业务具有综合性的政府部门往往需要分解业务，针对不同的业务设计不同的绩效指标。

（二）绩效项目

在政府绩效管理中，对项目有特殊的规定。与现行部门预算中项目的概念不同，绩效项目简称为项目。绩效项目支出应当在公共预算中单独列示。

1. 绩效项目的含义

绩效项目是可以单独考量的支出事项。支出事项也就是通常所说的支出事件。绩效项目是一个广义的概念，包括项目、项目包和计划三类。

项目是指一个独立的支出事件。项目包则是多个项目的结合。计划是指需要较长时间，由多个子项目组成的规模较大的发展项目。目前，由于我国对绩效项目尚缺乏规范的分类标准，因而项目的分类存在着一定混乱。

2. 绩效项目的条件

通常绩效项目是有一定条件的，这些条件也称为项目要素。绩效项目的要素有目标、核算、区分度和时间四项。

目标，指财政支出事件应当有一个具体的、区别于其他事件的经济或社会目标。依据目标来命名项目是绩效项目管理的基本要求。绩效管理属于目标管理，是一种科学管理方式。实践证明，明确的目标能帮助人理清思路。

核算，指项目应当具备单独计算成本和效果的条件。这就是说，应当建立项目核算制度，并将它与单位的经常性业务的核算区别开来。独立核算是项目的基本条件之一。如果项目不能独立核算，单独区分效果，那么，在评价效果时，行政事业单位会将日常业务效果计入项目效果，而在评价单位业绩时，他们又会将项目的业绩一并计入单位业绩，从而重复计算效果。

（三）绩效预算与项目预算

1. 绩效预算

绩效预算是指按绩效目标和成本计算的政府资金供给计划。

首先，绩效预算是一种预算管理制度和编制方式。从形式上说，它与传统预算的差别是，在预算表中不仅要求列示预算额，而且要求列示绩效目标。

其次，绩效预算的支出项目（类、款、项、目、节等预算科目）应当以功能预算项目为依据。在我国，虽然预算科目经过改革，具备了某些功能预算特征，但总体上说，它仍然属于要素预算，因此，需要进一步完善。

最后，绩效预算是一个事先框定的预期数。就是说，预算数不等于实际拨款数。由于执行的实际效果与预期效果之间会存在差异，因而在年终，绩效预算必须设有绩效评价——结算环节。

2. 项目预算

项目预算是指按项目预定的目标设定或者计算的资金供给计划。项目预算是项目、项目包、计划的预算的总称。有时，项目预算需要跨越年度，甚至数年才能完成。这里所说的"预定目标"，也就是由项目单位提出，经过批准确认立项（批准项目，等于确认了项目的目标）时的可行性报告中列示的绩效目标。因此，项目预算分为总预算和年度预算。

需要指出的是，随着政府绩效管理改革的发展，西方国家将财政支出分为经常性与项目性支出的传统分类方式，正在被两者合一的管理方式，即规划所代替。必须指出，项目的绩效目标很重要，它是对项目进行绩效评价的依据。因此，对于建设单位可行性报告中提出的目标，应当按绩效管理的要求进行严格审查。

结合上面的论述，在政府资助企业创新的活动中，可以采取综合的项目包方式，也可以采取多样化的项目方式。一般来说，为了将资助企业创新和公共服务结合起来，会采取项目计划的方式，融合资助企业创新的方式。

三、政府绩效管理的理论创新

绩效管理是一种制度创新，而这种创新又是建立在政府理财的理论创新上的，因此，了解政府绩效管理的理论，对绩效管理制度建设具有重要意义。归纳起来，政府绩效管理的理论创新主要体现在花钱买效果、公共委托-代理和目标—结果导向管理三个理论支点上。对于花钱买效果的预算观已经做出了一部分论述，这里不再做过多论述。下面主要讨论委托-代理和目标—结果导向管理。

（一）公共委托-代理理论

前面已经介绍了一部分委托-代理理论，这里将这一理论应用在公共管理领域，形成公共委托-代理论。这一理论认为，在民主制度下，政府是由公众选举产生的，根据洛克的契约论，政府是公共事务的受托人。

为完成委托责任，政府必须建立专业部门，授权管理某一方面的公共事务。政府与部门之间的关系既是一种领导与所属关系，同时也可以看作类似的委托-代理关系。在公共委托-代理关系下，行政部门既是政府的某一方面职能的执行人，同时也可以视为某一公共事务的受托人，而预算是代理费用。行政部门作为某一公共事务的受托人，必须忠于政府（委托人）的利益，在受托范围内办好公共事务。而政府也应当对部门（受托人）的实施情况进行监督检查。

公共委托-代理理论是一种创新，它突破了政府与部门的命令—执行关系的传统行政学理论，将他们既看作行政领导与被领导关系，又看作公共委托-代理关系。这一理论为政府绩效管理制度建设提供了理论依据。通常的委托-代理关系应当建立在委托人与受托人的平等民事主体地位上。而政府与行政、事业单位的地位是不平等的，是一种领导与被领导的关系。为此，我们只能将它看作类似的，即不完全的委托-代理关系。

既然政府与行政、事业单位存在着类似的委托-代理关系，那么，财政就不必包揽行政、事业单位的人员工资，而可以根据"花钱买效果"来制定预算。

(二) 目标—结果导向管理论

政府绩效管理的重要特点是由过程管理，转为目标—结果导向管理。在这里我们主要研究什么是目标—结果导向管理，政府为什么应当转向目标—结果导向管理这两个问题。

1. 目标—结果导向管理的含义

目标—结果导向管理是与过程管理相对应的管理模式。我们知道，对于一个完整的管理来说，过程和结果都是十分重要的管理环节。而传统的管理重视过程管理，而忽视了目标管理。过程管理的重大缺陷是缺乏明确的管理目标，因而难以将各种要素在目标的前提下协调和统一起来，形成"合力"，结果往往是"面多了加水，水多了加面"。

目标—结果导向管理是指将公共资金的管理分为绩效预算（绩效目标设定）、实施和管理和绩效评价三个环节。考虑到篇幅以及重要性，这里主要讨论目标设定绩效预算与绩效评价两个方面。

（1）绩效预算

根据确定的绩效目标和成本，计算预定拨款额度。然后按公共委托-代理理论，将实施环节委托有关行政部门。这样，政府的任务是设定绩效目标（决策、含投入的预算资金）、评价绩效目标的实现情况和信息反馈。

（2）绩效评价

绩效评价是指政府对于受托人（部门、单位）的绩效目标实施的结果，根据客观、公正的原则，按预定的评价方法和评价标准进行的评定和估价。其要点为：

①评价绩效目标达成情况，为结算提供依据；

②对单位的评价包括可持续发展能力；

③分析单位（或项目）未达到目标指标的原因，提出改进建议。

必须指出，目标—结果导向管理，并不等于承包制。而是指委托人将管理重点放在是否达到预想结果，并按照结果的要求来设计管理过程。预算支出必须坚持"按预算、按计划、按进度拨款"等规定进行。因此，目标—结果导向管理是一种管理导向，而不是部门改制。

2. 目标—结果导向管理与预算理财

无论生产活动，还是行政管理，都是人类活动的一部分，而人类活动与动物的区别是，前者是有目的的活动，而后者是本能活动。目标管理突出了政府活动的目的，并通过环节将其固定化、明晰化，因而使得政府活动由盲目走向科学，符合科学理财观要求。

目标—结果导向管理有利于分清责任。在过程管理中，由于决策者与执行者同时参与，因而对于工作中出现的问题，无法区分究竟是决策者的决策不当，还是执行者执行中的问题，而目标—结果导向管理采用环节分工，有利于将两者区分开来。

当然，政府绩效管理也存在着一定的缺陷：一是它将对领导的权威性提出挑战，这对那些将自己看作"英明""救世主"的领导来说是不利的；二是它比较适用于经常性公共事务管理。对于那些特殊的事务，如突发事件的处置等，政府仍然要进行过程管理。

第三节 政府绩效评价

政府绩效评价（Government Performance Evaluation）也称为政府支出绩效评估，是政府和财政部门按某种规则和绩效目标指标，对资金的使用效果进行评议和估价的制度。它是一种与绩效预算相对应的绩效管理制度。

一、政府绩效评价的意义

（一）绩效评价的含义

广义的评价也称反馈，它广泛应用于企业管理，例如，企业所建立的质量检验机构就是一种质量评价制度。在人际交往中，我们通过语言交流和行为观察，来评价对方的能力、水平或者说话的可信程度。在政府绩效管理中，评价有更加严格的定义。

首先，绩效评价的主体是政府和财政部门。在这里，财政部门是作为公共事务的委托人（政府）代表的身份主持评价工作的。

其次，绩效评价的对象是使用公共资金的部门或机构。就是说，如果财政拨款是经常性资金，那么，接受拨款的是行政事业单位；如果财政拨款是一些专项款，那么，承担这一专项款的机构，无论是公立机构，还是民营机构，或者个人都必须在委托的事项内接受绩效评价。

再次，绩效评价的内容是公共委托-代理事项。这就是说，行政事业单位或其他接受公共资金拨款的机构，无论接受的是经常性经费拨款，还是项目经费拨款都属于绩效评价的范围。而绩效评价只是指那些与拨款有关的委托事项。在公共委托-代理关系下，部门和机构接受了政府拨款，就理应接受委托人的监督和评价。

最后，绩效评价按某种规则和绩效目标指标进行。在这里，绩效目标指标是指财政部门在下达预算时所确定的目标，或以此为基础的绩效指标按"某种规则"制定的、用于测量各项绩效目标的实际结果的规则。

（二）政府绩效评价的必要性

1. 评价是管理制度建设的基本环节

政府绩效评价是从一般意义上的评价发展而来的。评价是目标管理的基本环节之一，它是指管理目标与运行（管理）结果之间的对比。评价目的有两个：一是指明事物的状态，即说明事物运动的现实状态是否偏离目标。二是为总结经验，改善政府管理，纠正目标与实际的偏差提供依据。因此，评价是管理的一个基本环节。

2. 政府绩效评价是政府绩效管理的一项基本制度

首先，政府绩效评价的核心是借助于投入产出分析方法，向政府和人民提供一个说得清的资金使用的效果。我国《宪法》规定了人民享有广泛的民主权利，不仅是指人民对政府的重大的政治决策享有知情权，也包括人民享有对公共资金用于哪里，有无效果的知情权。随着我国民主制度的深化，人民对政府监督的加强、纳税意识的加强，人民对政府资金的使用效果的知情权问题也已经提出来了，而政府和财政部门要回答这一问题，就必须开展政府绩效评价工作。

其次，它是我国公共财政建设的要求。绩效评价应用量化指标来说明财政资金效果，可以从效率的观点分析存在的问题，帮助各政府部门改善管理进而提高资金使用效率。因而，它既是改进财政管理的需要，也是促进财政管理科学化、规范化的有效手段。

最后，政府绩效评价是摆脱财政困境的有效途径。长期以来，我国财政管理存在的重大问题是"重分配，轻效果"，这是造成财政拨款与效果脱节，财政收入增长很快，但财政收支状况越来越困难的主要原因。绩效评价机制有利于我们发现问题，找到解决途径。政府绩效评价是一种"后发制人"管理。由于它以事实为依据，对公共支出效果能做出客观评价，因而它必将成为解决财政支出膨胀问题的关键措施和钥匙。

3. 政府绩效评价将有力地促进政府改革

绩效评价是改革政府管理的有效手段，这也是各国公认的。我们知道，传统行政管理是一种命令—执行模式。在这种模式下，机构林立，各机构职能相互交叉和重叠，办事效果相互抵消，人员膨胀、扯皮和办事程序不合理等行政无效率问题比比皆是，而处于这一环境下的公务员往往对此熟视无睹，甚至认为"天然合理"。而政府绩效评价的目标—结果导向管理，要求从社会效果来评价行政机构的行为，而那些争权夺利、不为人民办实事的行政机构将拿不出像样的效率来，这对政府的行政管理将起到重要的促进作用。绩效评价要求将政府实施决议的成本纳入评价，及时暴露那些低效率、无效率的决策项目，这就促使各级政府从"拍脑袋"式的决策，转向务实、有效的科学决策。事实上，政府改革往往是在绩效评价后进行的。

从这点来说，绩效评价将有力地促进政府改革。

二、政府绩效评价的原则

政府绩效评价的原则，包括效率原则，价值中立原则，公开、透明原则和回避原则。

（一）效率原则

效率原则也就是要求用财政效率来重新审视政府支出，以及与此相关的行政行为。财政效率是独特的效率问题。它既不同于一般意义上的经济效率——这是以私人组织为基础的效率问题，也不同于传统行政管理中的行政效率——这是以军事和行政工作的命令—服从为基础的效率问题，是指公共支出与社会效果的比较。社会效果是指公共部门提供的公共服务后果，即它是否增进，或者在多大程度上增进公共利益。

在行政机关，人们习惯于命令—服从关系。至于决策者，即命令的发出者对于决策的成本是不知道的，也不大关心的。而服从者也只关心怎样执行命令，至于执行中花去的民力和财力是他们所不关心的。这就造成了浪费和无效率。而财政效率既要考虑公共资金的投入及其成本，又要考虑产出效果。财政效率原则为我们分析政府行为给出了独特的视角。

（二）价值中立原则

价值中立原则也称为事实—价值两分法原则。其内容包括如下两个方面：

一是要求评价人尊重事实和公共价值标准。就是说，事实是绩效评价的唯一依据，评价人不应当将个人的价值标准带入绩效评价，以避免用主观价值替代客观事实，使问题复杂化。

这一原则坚持"事实是唯一标准"，不仅使得评价结果具有唯一性和权威性，也使得它在行政管理中具有了"后发制人"效应。

二是要求绩效评价的结果量化，即用分数说话，而不是笼统地给定一个合格或不合格的结论。由于公共职能是管理公众的事，在众口难调的情况下，通常采用多目标评价的方式，就是说，绩效评价的指标不可能是单一的。无论是单一指标下的绩效评价，还是多目标指标下的绩效评价，我们都必须采用结果量化的方式，事先确定各种量化标准。最终通过量化结果，说明评价对象是达到、基本达到或者未达到目标。

（三）公开、透明原则

1. 公开原则

一是绩效评价的过程公开。财政部门应当根据绩效评价的要求，制定详细的评价程序。虽然绩效评价最终结果是由专家评价的，但评价的过程是公开的，这也包括有些指标应当来自"顾客"意见的问卷。

二是尊重事实。凡是要求被评价人提供的资料都必须经过核实，核实工作既可以由财政评价机构自己进行，也可以委托会计师事务所、工程监理所等单位进行。核实人应当提供相应的原始资料，记录数据资料的核实过程、依据和核实方法等，核实人还应当签字，对核实结果的真实性负责。

评价人应当查验上述记录，对核实资料的真实性做出评估。对那些不能提供可信证据的材料，评价人可以提出重新核实。

2. 透明原则

这一原则主要包括：一是评价结果应当征求被评价人的意见。对于被评价人有不同意见的，专家组应当通过举办听证会等方式，评估其意见的合理性，但最终裁决权归专家组。二是结果公开。即通过书面报告向政府和人大报告评价结果，并通过媒体向社会公开。

（四）回避原则

一是坚持"财政部门提供绩效评价平台，专家评价"的制度。就是说，评价结论应当由专家组自主做出。这才能体现评价结果的公正性和权威性。

实践证明，"财政部门提供绩效评价平台，专家评价"是解决矛盾的办法。同时，还可以邀请本地区代表民意的机构，人大的相关委员会、政协委员等参加。这样的专家组结构，不仅具有代表性，也具有权威性。

二是对有利害关系的人必须回避。这包括：①被评价对象需要提供各种相关资料，但在评价过程中应当回避，以避免影响结果的公正性；②与评价对象有利害关系的专家必须回避。

三、项目的前期评价与后期评价

（一）项目的前期评价

政府绩效评价的方法与评价的地位有关，分为前期评价与效果评价两类，因而在技术方法上也存在着一定的差异。项目的前期评价也称为项目的可行性评价，或简称为项目评价，是指借助于各种实证主义方法，对于项目和政策的可行性和预期绩效做出评价，从而为立项提供决策依据。

这就是说：首先，前期评价主要集中于项目或者政策的支出上，对经常性支出通常不必进行前期评价。其次，前期评价具有技术可行性和效果（价值）判断双重评价的特点。前期评价的首要问题是技术可行，其次才是价值判断，如果具备多个方案，从中选择经济合理的方案。

1. 项目的前期评价的方法

目前，这类评价的方法很多。这些方法是围绕着技术—价值双重标准的判断而产生的。适用于项目评价的方法主要有：

（1）成本—效益分析法（CBA）或成本—效用分析法（CUA），也称为理性分析法。这是按市场原则和投入产出公式，将项目所有未来的收入、成本（含项目投资成本和营运成本）均折算成现值，然后比较其预算效率的方法。通常，成本—效益分析法（CBA）用于比较不同项目的收益与成本，而成本—效用分析法（CUA）用于比较同一项目的不同方案。两者的公式均为：

$$年度净收益 = 年度消费性收益 - 年度运行成本 \quad (1)$$

$$项目的总净收益 = （第1年的净收益 + 第2年的净收益 + \cdots） - 项目最初投入成本 \quad (2)$$

然而，项目的总净收益是分布在项目的存续期的各个会计年度的，必须将它们转化为以现行价值为基础的净收益流，才能比较不同项目的收益。这种简单相加没有考虑到时间因素，因而对净收益流的价值必须贴现。

假定我们有若干个评价项目，分别定义为1，2，3，…，其中，第 i 个项目的净收益现值的计算公式为：

$$B_i = \sum_{i=1}^{t} \frac{b_i(t) - C_i(t)}{(1+r)t} - k_i \quad (3)$$

其中：

B_i——项目的净收益现值；

$b_i(t)$——第 t 年从该项目获得的消费性收益；

$C_i(t)$——第 t 年该项目的成本；

$1/(1+r)t$——利率为 r 的折现系数；

t——项目存在的时间；

k_i——项目最初的资本投入（成本）。

（2）准实验研究计划。这是一种通过模拟方式分析不同方案的可行性和成本的研究和评估办法，例如，它广泛地应用于水利等工程建设上。

（3）多元回归分析和数学模型分析。即通过相关因素分析、数学模型等，寻求某些因素之间内在联系，借以评价某一方案的可行性和经济合理性的方法。这些方法包括关联矩阵法、共同确定法、等差图表法、点因素法等。

上述三个方法的特点是：①经验主义。即绩效评价以以往的经验和实证资料为基础，包括数据资料和成本等，均来自于实践。事实上，虽然前期评价是预算未来，但人们只能通过现实的基础和经验来判定。②价值中立（事实—价值两分法）。这就是要求评价人尊重事实和公共价值标准，而不应当将个人的价值标准带入绩效评价。

2. 政策评价

政策评价方法是指一项政策实施前，对其可能发生的成本、收益进行的估价。它通常有系统分析法、民意调查法和实证辩论法等。公共政策评价的特点是将事实和价值结合起来。

（二）项目的后期评价

项目的后期评价也就是项目绩效评价，是指按公共支出效率原则和项目的既定目标，对项目实施后是否达到预定目标，是否具备经济和社会效果进行的评价。由于这项评价是在财政支出项目完成后进行的，因而，我们习惯上称之为财政支出后期评价或后评价。

（三）项目的前期评价与后期评价的关系

项目的前期评价与后期评价都围绕着财政支出项目进行，目的都是提高财政支出效率，从这点来说，两者有共性。但是，它们毕竟是不同的评价，从目的和时间、评价的依据、评价的结论看，两者都存在很大的差异：

（1）从评价的时间和目的看，项目前期评价也称为项目可行性评价，是在支出项目立项前进行的，目的是确定该项目在政治上、技术上和经济上是否可行，从而为财政支出项目的立项提供依据。项目的后期评价是在项目的建设已经完成，并经过一定时期的实际运行（一般为一年的运行期）后进行的，评价的目的是确定财政支出是否有效（达到可行性报告中设定的经济或社会效果目标），以及上述效果与支出相比是否"值得"，从而为政府下一步支出安排提供依据。因此，两种评价的时间是不同的，评价的目的也不同。

（2）从评价依据看，前期评价的依据是单位提供的项目规划书（或者事业发展规划）和可行性研究报告。评价人员根据过去的经验，对项目的规模、投入资金、经济和社会目标的合理性等方面进行的估计。通过评价，优选出那些经济和社会效果好、投资相对合理的支出项目（或方案）。由于这一评价先于实施，因而，整个评价工作是在各种假定下进行的。而项目的后期评价是在项目的实施已经完成，并经过相应的运行期后进行的，这时的评价依据为：①项目的可行性评价或前期评价的相关指标；②项目的验收和审计报告；③项目运行中各项实际结果的测定数据。因此，这项评价是以事实为依据的。

（3）从评价的结论看，前期评价主要围绕项目是否立项进行的，评价结论应当是"通过评价，建议立项"，或"不能通过评价，不立项"两种。而后期评价的结论，通常可以分为"财政支出有效""财政支出基本有效"和"财政支出无效"三种。

通过上述比较，我们不难看出，虽然两者都称为"评价"，但无论是思路，还是依据和方法都不同，因而，它们属于两个范畴的评价问题。

四、政府绩效评价的任务与过程

（一）政府绩效评价的任务

如果说，前期评价只是政府绩效评价的前期拓展，那么，效果评价就是真正意义上的绩效评价。概括起来，绩效评价的任务有以下三项：

（1）验证目标指标，以确定事物处于何种状态；

（2）确定目标与现实之间的差异程度，为纠偏决策提供依据；

（3）分析产生问题的原因，提出合理的建议。

由于政策评价比较复杂，涉及目前和今后的效果问题，其中不确定因素较多。

(二) 政府绩效评价的过程

应当说，虽然项目效果评价与政府职能的经常性支出效果评价的对象是不同的，但在方法论上基本相同。

1. 设置、补充和完善绩效目标指标

这就是说，对于尚未设定绩效评价指标的支出，这一阶段的任务是设定评价指标。

对于已经设定绩效评价指标的支出，根据实际和公共价值的一般标准，对绩效目标指标进行补充和完善。在政府绩效预算管理中，我们只需列示出那些与拨款有关的重要绩效目标指标，而不必列示所有的绩效目标指标。因为，如果列示所有指标，政府的预算报告会过于复杂，而且这些指标带有专业性，局外人很难看懂。

进入绩效评价阶段，我们不仅要考察其主要指标的完成情况，而且必须全面地了解其绩效，即不仅是当期的绩效，还应当将可持续发展能力列入绩效评价，以防止其短期化。比如，我们对教育的评价，不仅要看在校生人数和教育质量，而且要看其潜力，包括教师进修、师资配备、教育研究成果等。即使是教育质量，我们也应当考察教育事故等指标，而这些是不可能全部列入预算中的，因此，补充和完善指标体系是重要工作。

2. 设定绩效目标和评价标准

在此基础上，评价组的任务是事先设定各项指标应当达到的目标及相应的权值。根据笔者的实施经验，在这里，我们要处理好以下两个问题：

一是分级设计指标。通常我们应当将指标分成投入、产出和效果指标三类。再分级设计指标，指标级次不能过多，最多不得超过三级。

二是将评价的基础指标和评价指标分开。评价的基础性指标来自各种基础资料，如统计资料、会计资料和部门的工作记录等，它具有逻辑上的连续性和合理性，是评价依据，但本身并非评价指标。因此，将两者分开，可以明晰思路。否则，材料过于冗长，评价人员会有阅读困难，也不利于得出合理结论。

3. 核实和审定基础资料

有关这方面的要求，参见公开原则。

4. 确定各指标的权数，统一评价标准，给定各指标的评分

确定各指标的权数的依据是重要性原则。这就是说，凡是重要的指标，其权数就高，而次要的指标的权数较低。

统一评价标准是指按各项指标完成的目标要求确定的评分标准。通常，我们可以用级差法和比例法来统一评分标准。

级差法是指对于每个评价指标，我们事先设定达到、基本达到和未达到三个标准，然后，评价人员在此范围内，根据基础资料的对应指标，给定每项评价指标的分值。

比例法是先设定达到每个目标指标的相关标准，然后由评价人员根据统计资料，

按各项指标的实际完成情况给定分值。

两种方法的差异在于，前者的各指标分值相对固定，最多不得超过既定分值的100%，而后者则随指标完成情况而定，其分值可以超过100%。

5. 撰写评价报告

绩效评价报告是评价的总结，也是专家组对项目结果所做的正式书面结论。这一结论要在反复讨论的基础上进行。编写绩效评价报告的文字材料应当简洁扼要。绩效评价报告通常应包括以下四个方面的内容：

（1）项目绩效评价的过程和专家组成员。

（2）评价的最终结论，描述各指标的权数及得分值。评价的最终结论可分为合格、基本合格和不合格三种。

（3）分析政府职能执行单位或项目的各项指标的得分情况，指出主要优点及主要问题。

（4）提出改进管理方面的意见或建议。这是项目绩效评价的重要目的之一。因此，在这方面应当结合国内的有关指标现状，用以理服人的方式展开。

对于政府资助企业创新来说，首先要对项目进行前期评价，结合项目服务的对象和主体确定评价指标；其次要进行项目过程管理，对项目进行监督；最后要对项目进行综合评价，保障资金运用的效果。山西省针对企业技术创新的资助管理，颁布了考核的要点，确定了项目考核的重要指标，同时也创建了一个专家库，大约有13 000名专家。但是总体来说，山西省对于企业技术创新的资助管理还不够系统，缺乏事后管理，没有突出企业对资金运用效果的评估。而且山西省企业技术创新存在线性监管的问题，监管仅仅停留在一个阶段，不够综合，没有突出资金的后期使用效率。在监管报告中的效果，可能仅仅是一时的，不具有长期性。基于这个方面的问题，山西省可以考虑引进物联网技术，突出监管的长期性，解决监管成本和监管效率的问题。

参考文献

[1] 约瑟夫·熊彼特. 经济发展理论 [M]. 孔伟艳, 朱攀峰, 娄季芳, 译. 北京: 北京出版社, 2008.

[2] 徐则荣. 创新理论大师熊彼特经济思想研究 [M]. 北京: 首都经济贸易大学出版社, 2006.

[3] 亨利·埃茨科威兹. 三螺旋 [M]. 周春彦, 译. 上海: 东方出版社, 2005.

[4] 彼得·德鲁克. 创新与企业家精神 [M]. 蔡文燕, 译. 北京: 机械工业出版社, 2009.

[5] 克里斯托夫·弗里曼. 技术政策与经济绩效: 日本国家创新系统的经验 [M]. 张宇轩, 译. 南京: 东南大学出版社, 2008.

[6] 迈克尔·波特. 国家竞争优势 [M]. 李明轩, 邱如美, 译. 北京: 华夏出版社, 2002.

[7] 卡萝塔·佩蕾丝. 技术革命与金融资本: 泡沫与黄金时代的动力学 [M]. 田方萌, 胡叶青, 刘然, 等译. 北京: 中国人民大学出版社, 2007.

[8] 王利文, 李金亮. 先行一步的探索: 广东经济学者关于改革开放的思考 [M]. 广州: 广东人民出版社, 2008.

[9] 陈劲, 张学文. 创新型国家建设: 理论读本与实践发展 [M]. 北京: 科学出版社, 2010.

[10] 左大培, 杨春学. 经济增长理论模型的内生化历程 [M]. 北京: 中国经济出版社, 2007.

[11] 吴敬琏. 发展中国高新技术产业: 制度重于技术 [M]. 北京: 中国发展出版社, 2002.

[12] 吴季松. 知识经济学 [M]. 北京: 首都经济贸易大学出版社, 2007.

[13] 高洪深. 知识经济学教程 [M]. 3版. 北京: 中国人民大学出版社, 2006.

[14] 孙伯良. 知识经济社会中的价值、分配和经济运行 [M]. 上海: 上海三联书店, 2008.

[15] 祝影. 全球研发网络: 跨国公司研发全球化的空间结构研究 [M]. 北京:

经济管理出版社,2007.

[16] 吕薇. 可再生能源发展机制与政策 [M]. 北京：中国财政经济出版社, 2008.

[17] 张明之. "世界工厂"的变迁 [M]. 南京：江苏人民出版社, 2009.

[18] 贾丽娟. 高新技术产业创新与发展战略研究 [M]. 北京：中国经济出版社, 2010.

[19] 孙永刚. 小国的巨人：芬兰诺基亚公司成功之路 [J]. 国际市场, 1997 (3).

[20] 陈小洪, 马骏, 袁东明, 等. 产业联盟与创新 [M]. 北京：经济科学出版社, 2007.

[21] 周程. 日本官产学合作的技术创新联盟案例研究 [J]. 中国软科学, 2008 (2).

[22] 科技部火炬高科技产业开发中心与长城企业战略研究所. 中国增长极：高新区产业组织创新 [M]. 北京：清华大学出版社, 2007.

[23] 章卫民, 劳剑东, 李湛. 科技型中小企业成长阶段分析及划分标准 [J]. 科学与科学技术管理, 2008 (5).

[24] 张文显. 法理学 [M]. 2版. 北京：高等教育出版社, 2004.

[25] 赵中建. 创新引领世界：美国创新和竞争力战略 [M]. 上海：华东师范大学出版社, 2007.

[26] 程郁, 王胜光. 从"孵化器"到"加速器"：培育成长型企业的创新服务体系 [J]. 中国科技论坛, 2009 (3).

[27] 许庆瑞. 全面创新管理：理论与实践 [M]. 北京：科学出版社, 2007.